W0065719

Dasa Szekely
Gefühlsinventur

Dasa Szekely

Gefühlsinventur

Das Buch über mich

Mix
Produktgruppe aus vorbildlich bewirtschafteten
Wäldern und anderen kontrollierten Herkünften
www.fsc.org Zert.-Nr. GFA-COC-001262
© 1996 Forest Stewardship Council

Verlagsgruppe Random House FSC-DEU-0100
Das für dieses Buch verwendete FSC-zertifizierte Papier
EOS liefert Salzer Papier, St. Pölten, Austria.

Bibliografische Information der Deutschen Bibliothek

Die Deutsche Bibliothek verzeichnet diese Publikation
in der Deutschen Nationalbibliografie; detaillierte bibliografische Daten
sind im Internet unter http://dnb.ddb.de abrufbar.

Umschlaggestaltung: Griesbeck Design
Satz: EDV-Fotosatz Huber/Verlagsservice G. Pfeifer, Germering
Druck und Bindung: Pustet, Regensburg
Printed in Germany 2010

ISBN 978-3-424-20036-2

gewidmet
meiner Mutter und meinem Vater

Inhaltsverzeichnis

Wie geht's?

Liebe Leserin, lieber Leser,

mir geht es sehr gut! Ich bin glücklich, weil ich tue, was ich am liebsten tue: Menschen in Zeiten helfen, in denen es ihnen schwerfällt, sich selbst zu helfen. Ich bin stolz auf mich, weil ich den ersten »Coaching-Laden« Deutschlands eröffnet habe und weil ich ein Buch geschrieben habe.

Alles begann mit einer spontanen Idee, gepaart mit einem Faible für Formulare: Wie so viele Menschen erleben auch meine Klienten täglich unzählige Gefühle, haben aber viel zu wenig Zeit, um sich mit ihnen auseinanderzusetzen. Deshalb wollte ich ihnen etwas an die Hand geben, das ihnen schnellen Kontakt mit ihren Gefühlen ermöglicht. Dabei war mir wichtig, dass sie so wenig wie möglich tun müssen, damit sie sich ganz entspannt auf sich selbst konzentrieren können. So begann ich damit, ihnen Formulare mit nachhause zu geben, anhand derer sie sich und ihre Gefühle über einen gewissen Zeitraum beobachten konnten. Die Resonanz war überwältigend: Meine Klienten hörten auf, ihre Gefühle nur diffus wahrzunehmen, sondern begannen, sie beim Namen zu nennen. Sie »adoptierten« sie, übernahmen Verantwortung für sie. Schon durch die bloße Beobachtung ergaben sich entscheidende Veränderungen. Je mehr Gefühle bewusst gelebt wurden, desto mehr Energie wurde freigesetzt. Das Ergebnis war eine erheblich verbesserte Lebensqualität.

Aus dieser Idee entwickelte ich eine kleine Formularsammlung, dann eine große und schließlich eine Methode und ein Buch. Ich habe diese Methode »Gefühlsinventur« genannt, weil sie eine Bestandsaufnahme der aktuellen Gefühle ist. Mit der Formularsammlung in diesem Buch können Sie das, was sonst durch Teamarbeit im Coaching erreicht wird, ohne Termine auch allein ganz bequem bei sich zuhause erarbeiten. Neben der Inventur finden Sie auch andere in meiner Praxis erprobte Tools für Ihren individuellen Lösungsprozess, die Sie im Anschluss an die zwei Wochen der Beobachtungsphase einsetzen können, wenn Sie es möchten.

Liebe Leserin – wie geht es Ihnen?
Mit der Antwort auf diese Frage können Sie Ihr Leben verändern!

Alles, was Sie tun müssen, ist, über einen Zeitraum von zwei Wochen täglich ein paar Minuten in sich hineinzuspüren und diese Gefühle zu notieren. Sie werden sehen: Mit den einfach aufgebauten Formularen geht das nicht nur kinderleicht, sondern macht auch noch Spaß. Auch das war mir wichtig. Also: Haben Sie viel Spaß!

Kleine Gefühlskunde

Was ist ein Gefühl? Es gibt viele Antworten auf diese Frage, und viele Bücher, die dieses Thema behandeln. Da dies hier ein Arbeitsbuch ist, gebe ich an dieser Stelle lediglich einen kleinen Überblick über die wesentlichen Aspekte.

Warum unsere Gefühle so wichtig sind

Ihr Gefühlsausdruck ist eine existenzielle Form der Kommunikation mit sich und anderen. Ihre Fähigkeit, sich emotional ausdrücken zu können, gehört zu Ihrer Grundausstattung. Mit Gefühlen können wir »sprechen«. Wir kommunizieren nämlich nie nur verbal, sondern immer auch auf emotionale Weise und treten so in Beziehung zu anderen. Da fast alle Menschen – unabhängig von Sprache und Sozialisation – in der Beurteilung von Grundgefühlen übereinstimmen, ist die sogenannte »affektive«, also gefühlsmäßige Grundstimmung zwischen zwei Menschen sogar oft bedeutender als der Inhalt des Austauschs.

Dies alles gilt aber nicht nur für andere, sondern natürlich auch für Sie selbst: Auch Sie kommunizieren emoti-

onal mit sich selbst und treten so nicht nur logisch-ratio-
nal, sondern eben emotional mit sich selbst in Beziehung.
Sie fühlen, was Sie fühlen, Sie erfühlen Ihre Bedürfnisse.
Dabei ist es von größter Wichtigkeit, dass Sie Ihre wirkli-
chen Gefühle fühlen. Anders ausgedrückt: Dass die Kommunikation zwischen Ihnen und Ihren Gefühlen stimmt.
Erst dann können Sie dafür sorgen, dass Ihre Bedürfnisse
befriedigt werden. Erst dann können Sie gut für sich – für
Ihre Existenz – sorgen.

Gefühle sind bereitgestellte Energie

Daneben hat der Ausdruck von Gefühlen auch eine
wichtige physiologische Bedeutung: Erregung wird auf
eine für den Organismus unschädliche Art umgesetzt und
abgebaut. Gefühle sind bereitgestellte Energie, die zum
Handeln motiviert. Diese Energie sollte verbraucht werden bzw. Ihre Gefühle sollten ausgedrückt werden, damit
die Energie wirksam eingesetzt werden kann. Wird sie
nicht verbraucht, steigt Ihre innere Erregung. Sie kennen
das: Manchmal »platzt« man beinahe vor Wut, da man
sie schon so lange aufgestaut hat. Gefühle suchen sich
einen Ausgang – irgendwie und irgendwann.

Doppel-Gefühle sind schädlich

Wie oft haben Sie schon tapfer gelächelt, wenn Ihnen
eher zum Heulen zu Mute war? Genau dann haben Sie

Ihre eigentlichen Gefühle nicht ausgedrückt, sondern sie unterdrückt. Was Sie wissen sollten: Immer, wenn Sie Ihre Gefühle unterdrücken, dann verrichtet Ihr Nervensystem zusätzliche Arbeit. Sie haben dann sozusagen Doppel-Gefühle: die echten und die, die Sie statt derer zeigen. Diese Diskrepanz zwischen erlebten und gezeigten Gefühlen ist eine psychophysiologische Belastung, die nicht selten zu psychosomatischen Erkrankungen führt.

Mangelnde Selbstwahrnehmung führt zu wachsender innerer Erregung

Der Versuch der Verdrängung oder Unterdrückung unerwünschter Gefühle wird oft schon früh gelernt. Wenn ein kleiner Junge zum Beispiel vor Schmerzen weint, dann sagt ihm sein Vater vielleicht: »Jungs weinen nicht.« So lernt der Junge, seine eigentlichen Gefühle zu unterdrücken. Und nicht nur das: Er wird sogar oft noch dafür belohnt, seine Gefühle zu unterdrücken: »Siehst du, jetzt bist du ein braver Junge!« Der Junge erfährt Zuwendung und Wertschätzung, wenn er nicht fühlt. Mit der Zeit wird er so wahrscheinlich verlernen, seine Gefühle zu zeigen, sie überhaupt zu fühlen. Er wird seine eigentlichen Gefühle irgendwann nicht mehr wahrnehmen.

Diese mangelnde Selbstwahrnehmung führt zu wachsender innerer Erregung – Energie, die nicht oder nur destruktiv abgebaut wird – zum Beispiel in Form von Wut, Bitterkeit oder Rachegefühlen. Obwohl wir unsere Energie so gut gebrauchen könnten, um anderen und auch uns selbst Gutes zu tun!

Wir fühlen oft nicht mehr, was wir fühlen

Nicht genug damit, dass wir uns oft schon als Kinder von unseren »Originalgefühlen« trennen und stattdessen Ersatzgefühle oder oft auch Ersatzbefriedigungen ausleben. Hinzu kommt noch, dass – insbesondere in der Arbeitswelt – Gefühle oft als störend oder sogar schädlich gelten, weil sie unberechenbar sind. Das passt nicht in das Bild einer perfekt funktionierenden Maschine bzw. in das Bild eines Unternehmens, das gern »reibungslos« funktionieren möchte. So sind wir häufig nicht nur damit aufgewachsen, unsere Gefühle zu negieren, sondern werden weiterhin Tag für Tag dazu aufgefordert – und dafür belohnt. Auch ist oft keine Zeit mehr da, um einem Gefühl auf den Grund zu gehen, es zu erspüren. Da ist es kein Wunder, dass so manch einer nicht mehr weiß, was er eigentlich wirklich fühlt, welches Gefühl in ihm dominiert und wie intensiv es ist.

Das Bewusstsein für Gefühle ist die Grundlage für Veränderung

Wie geht es Ihnen? Schon die Bewusstmachung dessen, was innerlich und äußerlich »da ist«, stellt eine neue Erfahrung dar und setzt Veränderungsprozesse in Gang. So werden Teufelskreise von negativen Gedanken und Gefühlen unterbrochen und vorübergehendes Loslassen wird erleichtert.

Der Prozess ist das Ziel – es kann losgehen! Beobachten Sie sich eine Woche lang mit einem milden Blick – ohne sich abzuwerten. Dieses sogenannte »Prinzip der Achtsamkeit« (mindfulness)[*] wird Ihnen einen neuen Zugang zu sich selbst ermöglichen und neue Erkenntnisse bringen. Mit diesen Erkenntnissen – Ihrem Gefühlsinventar – können Sie anschließend gezielte und konkrete Schritte zur Veränderung einleiten und so Ihrem Leben Schritt für Schritt eine bessere Richtung geben.

Erschöpfung, Stress, Frust und Wut

Wir sind alle mal erschöpft oder gestresst. Auch kennen wir alle das Frust-Gefühl oder laufen mal eine Weile mit einer großen Wut im Bauch (!) herum. Was aber, wenn daraus ein Dauerzustand wird? Wenn wir jeden Tag total erschöpft sind? Wenn wir immer gestresst, frustriert oder wütend sind?

Im Vorhergehenden habe ich beschrieben, welche Folgen ein dauerhaftes Ignorieren der Gefühle haben kann und welch großes Potenzial freigesetzt wird, wenn wir unseren Gefühlen freien Lauf lassen. Vielleicht kennen Sie das

---

[*] Der Begriff der Achtsamkeit stammt ursprünglich aus den östlichen Meditationspraktiken. Diese Methode wird mittlerweile häufig in Stress-Therapien angewandt.

gute Gefühl, das sich in einem ausbreitet, wenn man sich einmal Luft gemacht und seine Wut herausgelassen hat?

Es würde den Rahmen dieses Buches sprengen, alle Gefühle zu untersuchen. Daher habe ich vier Gefühle für Sie ausgewählt, die häufig unseren heutigen Alltag belasten: Erschöpfung, Stress, Frust und Wut. Wobei nur zwei davon »reine« Gefühle sind:

1. der Frust als eine Form von Traurigkeit und Verzweiflung
2. Wut bzw. Ärger

Bei den anderen beiden handelt es sich um »Gefühlscocktails«, die sich als Symptome oder Stimmungen zeigen. Stress ist ein dauerhafter innerer Anspannungszustand, der aus einer Vielzahl von widersprüchlichen Gefühlen besteht, die mit Angst, Wut, Anspannung und Sorgen zu tun haben. Welche Gefühle auch immer eine Rolle spielen – die Ursache von Stress ist, dass sie im Verborgenen und ungelebt bleiben. Überhörte Müdigkeitssignale und ständige Überlastungen führen zu dauerhafter Erschöpfung.

Wer stets müde, erschöpft, frustriert oder gestresst ist, geht permanent an seine Ressourcen. Wer achtsam mit seinen Gefühlen umgeht, kann handeln. Also machen Sie Inventur! Kommen Sie Ihren Gefühlen auf die Spur!

Das Gefühlsglossar auf der nächsten Seite gibt Ihnen einen Überblick über die häufigsten Gefühle und hilft Ihnen, die Zutaten für Ihre »Gefühlscocktails« zu finden.

Das Gefühlsglossar

Welches sind »Ihre« Gefühle?
Wann immer Sie sich einmal genauer mit Ihren Gefühlen befassen möchten, hilft Ihnen das folgende Glossar mit den häufigsten Gefühlen. Die Gefühle unterteile ich dabei (wie Serge Sulz) in die Basisgefühle Freude, Trauer, Angst und Wut.

Wie Sie das Gefühlsglossar nutzen können:

1. als Nachschlagewerk:
So können Sie zum Beispiel sehen, woraus Ihre »Gefühlscocktails« bestehen: Aus welchen Gefühlen besteht Ihr Frust? Welche Gefühle sind an Ihrem Stress beteiligt?

Sie können es aber auch dazu verwenden, Ihre Gefühle während der Inventur dezidiert zu benennen. Fragen Sie sich: Ist das, was Sie fühlen, wirklich Wut? Betrachten Sie die Wut-Liste: Findet sich dort ein Wort, das Ihr Gefühl besser beschreibt?

2. als Hilfe bei Auseinandersetzungen:
Je genauer Sie Ihre Gefühle benennen können, desto besser können Sie sich anderen mitteilen! (siehe »Gefühls-elefant« auf Seite 176)

3. als weiterführende Übung:
Wer sich und seine einzelnen Gefühle noch besser kennen lernen möchte, kann die dazugehörigen Übungen durch-führen.

4. als Paar-Übung
Bei den »Selbstcoaching-Tools« finden Sie zwei Übungen, die Sie gemeinsam mit Freunden oder Ihrem Partner machen können.

Übung 1:

Unterstreichen Sie alle Gefühle, die Sie häufig und/oder intensiv haben, auch wenn sie Ihnen unangenehm sind. Beginnen Sie mit der ersten Spalte. Anschließend fragen Sie sich: Welches ist das wichtigste Gefühl in dieser Spalte? Verfahren Sie mit den anderen Spalten ebenso. Übertragen Sie dann das Ergebnis auf die nächste Seite.

Freude	Trauer	Wut	Angst
Anerkennung	Bedauern	Abneigung	Aggression
Begeisterung	Beleidigtsein	Ärger	Anspannung
Dankbarkeit	Betrübnis	Eifersucht	Ekel
Gelassenheit	Düsterkeit	Frust	Furcht
Glück	Einsamkeit	Gereiztheit	Misstrauen
Hoffnung	Enttäuschung	Groll	Nervosität
Leidenschaft	Kummer	Hass	Panik
Liebe	Langeweile	Missmut	Reue
Lust	Leere	Neid	Scham
Motivation	Melancholie	Rache	Scheu
Neugierde	Mitgefühl	Rage	Schuldgefühl
Rührung	Mutlosigkeit	Trotz	Schwäche
Selbstver-	Niederge-	Ungeduld	Sorge
trauen	schlagenheit	Verachtung	Skepsis
Stolz	Ohnmacht	Verbitterung	Unsicherheit
Übermut	Schmerz	Verdruss	Unruhe
Vergnügen	Schwermut	Widerwille	Verlegenheit
Vertrauen	Selbstmitleid	Zorn	Verzagtheit
Wohlbehagen	Unpässlich-	Zynismus	Vorsicht
Zuneigung	keit		Zurückhal-
	Traurigkeit		tung
	Trübsinn		
	Verzweiflung		
	Wehmut		

Meine wichtigsten Gefühle sind:

Freude: . . . .   Trauer: . . . .

Angst:. . . . .   Wut:. . . . .

Bringen Sie diese Gefühle in eine Reihenfolge nach ihrer
Bedeutung für Sie:

1. . . . .   3. . . . .

2. . . . .   4. . . . .

Übung 2:

Wann empfinden Sie diese Gefühle?
Mit welchen Handlungen, Personen oder Situationen sind diese Gefühle verknüpft?

Ich fühle . . . ., wenn ich . . . .
. . . .
. . . .
. . . .
. . . .

Ich fühle . . . ., wenn ich . . . .
. . . .
. . . .
. . . .
. . . .

Ich fühle. . . . ., wenn ich . . . .
. . . .
. . . .
. . . .
. . . .

Mehr Übungen mit dem Glossar finden Sie bei den Selbstcoaching-Tools!

Drei Antworten auf die Frage: »Wie geht's?«

1. »Ganz okay«

Vor mir sitzt Britta Hartmann, eine hübsche Mittdreißigerin. Sie sieht müde aus. »Anstrengender Tag heute?«, frage ich. »Nö. Bin heute nur ein bisschen kaputt.« Bei dieser Antwort – in Kombination mit diesem Anblick – schrillen alle meine Alarmglocken. Warum? Britta Hartmann nimmt nicht wahr, wie erschöpft sie ist, vielleicht noch nicht einmal, dass sie überhaupt erschöpft ist. Viele Frauen, so scheint es, haben einen eingebauten Bagatellisierungsmotor. Deshalb funktionieren sie noch lange weiter – ist ja alles halb so wild! –, obwohl sie schon lange nicht mehr können. Auch Britta Hartmann bagatellisiert ihren Zustand. Interessanterweise verwendet sie dabei das Adjektiv »kaputt«. Eine drastische Vorstellung: ein kaputter Mensch. Das »bisschen« vor »kaputt« macht es noch viel schlimmer: So erscheint der Zustand des Kaputtseins als erträglich. Folgerichtig nennt ihn Britta Hartmann auch »normal«. Mal ehrlich: Ist es für Sie auch normal, jeden Tag ein »bisschen kaputt« zu sein?

Im Verlauf des Coachings lernte Britta Hartmann, ihre Erschöpfung ernst zu nehmen. Von da an war es nur noch ein kleiner Schritt zur Veränderung, denn jetzt kann sie Fragen formulieren wie zum Beispiel: Was kann ich konkret tun, um nicht mehr so erschöpft zu sein, dass ich jeden Abend nur noch ins Bett falle?

Die Antworten:

✎ weniger arbeiten

✎ mit dem Chef sprechen

✎ Nein sagen lernen

✎ die Freizeit wie die anderen Termine auch planen.

Darauf wäre sie nie gekommen, wenn sie nicht ein Gefühl für ihr Gefühl entwickelt hätte.

2. »Geht so.«

Das sagt Katrin Möller, Mutter eines 15 Monate alten Sohnes. »Der Kleine schläft halt seit Wochen nicht durch, deshalb ist es gerade ein bisschen anstrengend.« Der zweite Satz klingt fast entschuldigend. Oha, denke ich, sie muss sich dafür entschuldigen, dass es ihr nicht blendend geht! Bei wem? Aber eines nach dem anderen. Zunächst ist es wichtig, dass Katrin Möller das Ausmaß ihrer Erschöpfung begreift, denn unabhängig davon, mit welchen Themen sie ins Coaching kommt – ohne die Kraft für eine Veränderung wird sie nichts umsetzen können. Ich frage sie: »Wenn Sie sagen: ›Geht so‹ – was geht denn – und was geht nicht so?« Katrin Möller erzählt zunächst, was geht: Wie sehr sie sich das Baby gewünscht hatte, wie glücklich sie mit ihm ist, wie schön es ist, es zu beobachten, seine Fortschritte zu sehen … Aber sie erzählt auch von ihrem anstrengenden Alltag – ihr Sohn ist sehr fordernd –, der mit wenig Schlaf noch schlechter zu bewältigen ist. Von dem Konflikt mit ihrem Mann, der gegen ein Baby-Schlafprogramm ist. Von der Angst, nicht mehr in den Job zu finden, wenn der Kleine in der Krabbelstube ist. Sie würde sich ja so gern um ein alternatives Schlafprogramm kümmern, um eine bessere Kommunikation mit ihrem Mann, eine berufliche Perspektive entwickeln, aber sie ist einfach zu müde … Darauf läuft immer wieder alles hinaus: Sie ist total erschöpft. Am Ende der ersten Sitzung male ich einen Strich auf das Flipchart, links schreibe ich eine 1 hin, rechts eine 10, in der Mitte eine 5. »Wie erschöpft sind Sie gerade, Frau Möller? Die 1 heißt überhaupt nicht erschöpft, die 10 sehr erschöpft. Machen Sie einfach einen Punkt dort, wo Sie mit Ihrer Erschöpfung gerade stehen.« Katrin Möller überlegt einen Moment, steht dann auf und malt den Punkt etwa bei 4. »Na, das geht ja noch!«, sage ich, bewusst provokativ und Bezug nehmend auf das eingangs gesagte »geht so«. Nach allem, was sie mir hier erzählt hat, steht die 4 im krassen Gegensatz zu ihrem aktuell gefühlten Zustand. Ich lasse das so stehen, darauf vertrauend, damit einen wichtigen Prozess angestoßen zu haben. Wir vereinbaren, dass sie sich bis zur nächsten Sitzung, also eine Woche lang, anhand der Wie geht's?- (siehe ab Seite 54) und der Erschöpfungsformulare (siehe ab Seite 98) beobachtet.

Unser nächstes Treffen eröffnete Katrin Möller mit einem strahlenden Lächeln: »Ich habe mich selbst belogen! Ich bin nämlich eigentlich auf 15!« Wie heißt es so schön? Selbsterkenntnis ist der erste Schritt zur Besserung. Und so war es auch im Falle von Katrin Möller. Nachdem sie sich eingestanden hatte, dass es so nicht mehr weitergehen konnte, weil sie total erschöpft war, konnte sie darüber mit anderen sprechen und sich Schritte überlegen, die ihr Kraft und Energie geben, um ihre anstrengende Situation zu meistern. In den folgenden Wochen sorgte sie gezielt für ihr körperliches Wohlbefinden; sie vermittelte ihrem Mann die Dringlichkeit des Schlafprogrammes. Er verstand jetzt viel besser, warum dies so wichtig für seine Frau war. Auch einen Babysitter einmal pro Woche setzte sie durch. Das Schlafprogramm funktionierte, und Katrin Möller nutzte die neu gewonnene Zeit, um eine berufliche Perspektive zu entwickeln. Happy End statt »Geht so.«

Bei den Beispielen aus meiner Coaching-Praxis finden Sie eine ähnliche Geschichte, dann ausführlicher.

3. »Ganz gut eigentlich.«

Martina Beer sieht mich mit traurigen Augen an. Es ist ganz offensichtlich, dass es ihr uneigentlich ungut geht. Sie ist heute hier, weil sie von einer guten Freundin einen Coaching-Gutschein zum Geburtstag geschenkt bekommen hat.

Es ist unser erstes Treffen – ich biete immer kostenlose und unverbindliche Termine an, bei denen man sich beschnuppern und über mögliche Coaching-Inhalte sprechen kann. Obwohl Martina Beer also quasi nicht aus eigenen Stücken gekommen ist, frage ich trotzdem: »Was führt Sie zu mir, Frau Beer?« Sie lacht: »Ich glaub', die Pia konnte mein Gejammer nicht mehr ertragen, da hat sie Sie engagiert.« – »Quasi: Jammer-Outsourcing«, lache ich mit. »Worüber jammern Sie denn so?« Martina Beer zählt sehr lebhaft ein paar Gründe auf, allesamt gerechtfertigt. Am emotionalsten wird sie, als sie über ihren Mann redet, der so gut wie nie zum Abendessen zu Hause ist, weil er so viel zu tun hat.

»Die Kinder sehen ihn praktisch nur am Wochenende, und dann liegt er total fertig auf dem Sofa rum.« – »Und Sie? Wann sehen Sie ihn?« – »Na ja, abends, wenn die Kinder im Bett sind.« – »Wann ist das?« – »So gegen neun.« – »Und wann gehen Sie schlafen?« Martina Beer schaut mich jetzt zum ersten Mal ernst an: »Ich bleibe oft länger wach, obwohl ich schon total müde bin.« Ich warte. In ihr brodelt es sichtlich. »Aber irgendwann muss man ja auch mal miteinander reden!«, fügt sie wütend hinzu. »Was genau macht Sie daran so wütend?«, frage ich. »Ich bin nicht richtig wütend«, sagt Frau Beer, jetzt etwas sanfter. »Es nervt halt nur. Ich muss schließlich um 6 Uhr früh aufstehen, damit es mit den Kindern zeitlich hinhaut, da kann ich nicht immer erst um 12 Uhr ins Bett gehen.« In den letzten beiden Sätzen liegen einige Hunde begraben. Einen davon hat sie selbst erkannt: »Ich bin nicht richtig wütend, es nervt halt.« – Wenn es nervt, kann man nichts machen. Aber wenn sie wütend ist, dann könnte sie sehr wohl etwas machen. Dazu müsste sie aber zunächst zu ihrer Wut finden, zu ihr stehen. Und in einem zweiten Schritt müsste sie ihren Mann damit konfrontieren.

Genau so geschah es dann auch in den nächsten Wochen. Mit den Formularen und zwei Coaching-Sitzungen war Frau Beer so weit: Sie hatte ein Wochenende mit ihrem Mann arrangiert, an dem sie mit ihm in Ruhe reden konnte. Die Kinder waren in dieser Zeit bei Oma – und Frau Beer, die war wieder bei sich selbst.

Wie Sie dieses Buch
für sich nutzen können

Bitte nehmen Sie sich für den ersten Tag eine Stunde Zeit. Beginnen Sie mit der Lebensinventur und machen Sie anschließend die Persönlichkeitsinventur. Danach geht es wesentlich schneller: Füllen Sie jeden Abend die Gefühlsinventur-Formulare für die erste Woche aus (siehe Seite 54), das dauert jeweils ca. 5 Minuten. Nach einer Woche tragen Sie Ihre Ergebnisse in das dafür vorgesehene Diagramm ein (siehe Seite 71) und resümieren mit dem Fazit-Formular (siehe Seite 75). Daraus ergibt sich, wie Sie die zweite Woche gestalten.

Die Formulare der zweiten Woche (siehe Seite 81) sind spezifischer gestaltet und beinhalten erste Lösungsschritte. Im Anschluss daran erfolgt eine erneute Auswertung – sowohl der zweiten Woche (siehe Seite 96) als auch des Gesamtergebnisses (siehe Seite 133). Damit ist die Gefühlsinventur abgeschlossen.

Wenn Sie darüber hinaus noch an sich arbeiten möchten, bieten Ihnen die nächsten Kapitel dazu verschiedene Möglichkeiten:

- Weiterführende Formulare für »Ihr Hauptgefühl« (siehe Seite 151)
- Selbstcoaching-Tools (siehe Seite 164)
- Beispiele aus der Coaching-Praxis zur Inspiration und Vertiefung (siehe Seite 198)

Zur Ergänzung und Vertiefung der gewonnenen Erkenntnisse können Sie mithilfe des Gefühlsglossars (siehe Seite 19) an Ihrem Umgang mit weiteren Gefühlen arbeiten.

5 Tipps für ein gutes Gelingen

1. Sehen Sie mit einem realistischen und milden Blick auf sich selbst.
2. Setzen Sie sich nicht unter Druck!
3. Genießen Sie den Prozess: Seien Sie neugierig auf sich selbst!
4. Machen Sie ein Ritual daraus: Füllen Sie die Formulare jeden Tag zur gleichen Zeit aus, am besten kurz vor dem Schlafengehen.
5. Bleiben Sie dran!

1. Teil

Inventur

Der eigentlichen Gefühlsinventur habe ich noch zwei weitere Inventuren vorausgestellt, mit deren Hilfe Sie Ihr derzeitiges Leben einer Prüfung unterziehen können:

1. Die Lebensinventur wird Ihnen Aufschluss darüber geben, was in Ihrem Leben gerade gut läuft und wo eventuell Handlungsbedarf besteht.

2. Die Persönlichkeitsinventur schärft Ihren Blick auf Ihre persönlichen Qualitäten und Interessen. Finden Sie heraus, was Sie einzigartig macht, entdecken Sie Ihre Ressourcen!

Anschließend sind Sie bestens für die Gefühlsinventur gerüstet!

Die Lebensinventur

Wo genau drückt
der Lebensschuh Sie gerade?

»Ich bin irgendwie unzufrieden. Ich weiß auch nicht so genau, warum ...«

Frau Liedloff schaut zu Boden. Sie scheint sich dafür zu schämen, dass sie das nicht weiß. Dabei ist das doch einer der Gründe, warum sie bei mir ist!

»Das ist völlig okay, Frau Liedloff«, sage ich. »Sie sind nicht die Einzige, die das nicht sagen kann. Möchten Sie vielleicht damit beginnen, das herauszufinden?« Frau Liedloff nickt erleichtert: »Ja, das wär' super!«

»Schön! Machen wir also heute eine Inventur Ihres Lebens!«

Im Folgenden blicken wir gemeinsam auf Frau Liedloffs Leben: Wie sieht es mit ihrem Privatleben aus? Mit ihrem Berufsleben? Ist sie mit ihrer finanziellen Situation zufrieden? Fühlt sie sich wohl in ihrer Haut, in ihrem Körper? (auf Seite 206 finden Sie Frau Liedloffs Geschichte ausführlicher). Nach diesem Check haben wir einen guten Überblick über die einzelnen Lebensaspekte von Frau Liedloff. Sie kann jetzt dezidiert sagen, wo sie Handlungsbedarf sieht.

Zu einer solchen kleinen Inventur möchte ich auch Sie gern mit den folgenden zwei Tests einladen. Nehmen Sie sich dafür bitte jeweils 30 Minuten Zeit.

Der Säulen-Check

Datum: . . . .

Betrachten Sie Ihr Leben anhand des Modells der »Fünf Säulen der Identität« von H. G. Petzold. Fragen Sie sich: Wie geht es mir gerade in Bezug auf

- meinen Körper (Wohlbefinden, Kondition)?
- meine (berufliche) Tätigkeit (Auslastung, Zufriedenheit)?
- mein soziales Netz (Freunde, Familie, Beziehung …)?
- meine materielle Sicherheit (finanzielle Situation)?
- meine Werte (Sinnstiftendes)?

Wie hoch sind Ihre Säulen zurzeit? Schraffieren Sie sie als Fläche und erkennen Sie dann, welche der Säulen momentan Ihr Leben »trägt«.

Beispiel:

1. Mein körperliches Wohlbefinden ist zurzeit mittelmäßig: 5
2. Ich arbeite derzeit viel und es geht mir gut dabei: 9 oder 10
3. Meine Freunde sehe ich viel zu selten: 4
4. Meine ökonomische Situation ist okay, könnte aber besser sein: 6 oder 7
5. Meine Werte kann ich zurzeit (sehr) gut leben: 7 oder 8

10	10	10	10	10
9	9	9	9	9
8	8	8	8	8
7	7	7	7	7
6	6	6	6	6
5	5	5	5	5
4	4	4	4	4
3	3	3	3	3
2	2	2	2	2
1	1	1	1	1
körperliches Wohlbefinden	Arbeit/ Leistung	soziales Netz	materielle Sicherheit	Werte ausleben

Energie-Check A

Datum: . . . .

1. Denken Sie an die letzten Wochen: Was hat Ihnen immer wieder Energie geraubt? Und wie sehr auf einer Skala von 1 bis 10? Schraffieren Sie bitte die Fläche bis zur entsprechenden Zahl. Sollte ein Thema in Ihrem Leben nicht relevant sein, lassen Sie es einfach weg. In den Spalten auf der folgenden Seite können Sie eigene Themen ergänzen.

10	10	10	10	10	10	10
9	9	9	9	9	9	9
8	8	8	8	8	8	8
7	7	7	7	7	7	7
6	6	6	6	6	6	6
5	5	5	5	5	5	5
4	4	4	4	4	4	4
3	3	3	3	3	3	3
2	2	2	2	2	2	2
1	1	1	1	1	1	1
Arbeit	Familie	Haushalt	Freunde	Freizeit	Sorgen	Probleme

10	10	10	10
9	9	9	9
8	8	8	8
7	7	7	7
6	6	6	6
5	5	5	5
4	4	4	4
3	3	3	3
2	2	2	2
1	1	1	1

. . . .

2. Spezifizieren Sie jetzt bitte die einzelnen Themen, und
   notieren Sie kurze erläuternde Stichworte; zum Beispiel bei Haushalt »aufräumen«, bei Arbeit, was/wer
   Sie am Arbeitsplatz Ihre Energie kostet, bei Freunde
   oder Familie, wer konkret Ihnen Energie raubt usw.

Arbeit . . . .

. . . .

Familie . . . .

. . . .

Haushalt . . . .

. . . .

Freunde . . . .

. . . .

Freizeit . . . .
. . . .
Sorgen . . . .
. . . .
Probleme . . . .
. . . .
? . . . .
. . . .
? . . . .
. . . .
? . . . .
. . . .
? . . . .
. . . .

Nun wissen Sie, was oder wer Ihnen Energie raubt. Wenn
Sie mögen, können Sie jetzt konkrete Schritte gegen die
Energiefresser einleiten. Oder Sie schaffen ein Gegenge-
wicht, indem Sie sich diese verlorene Energie wieder zu-
rückholen.

Energie-Check B

Datum: . . . .

1. Denken Sie an die letzten Wochen: Was hat Ihnen immer wieder Energie gegeben? Und wie sehr auf einer Skala von 1 bis 10? Verfahren Sie hier genauso wie bei Check A.

10	10	10	10	10	10	10
9	9	9	9	9	9	9
8	8	8	8	8	8	8
7	7	7	7	7	7	7
6	6	6	6	6	6	6
5	5	5	5	5	5	5
4	4	4	4	4	4	4
3	3	3	3	3	3	3
2	2	2	2	2	2	2
1	1	1	1	1	1	1
Arbeit	Familie	Haushalt	Freunde	Freizeit	Wellness	Sport

10		10		10		10
9		9		9		9
8		8		8		8
7		7		7		7
6		6		6		6
5		5		5		5
4		4		4		4
3		3		3		3
2		2		2		2
1		1		1		1

. . . .

2. Spezifizieren Sie die einzelnen Themen und notieren Sie
   kurze erläuternde Stichworte; zum Beispiel bei Familie
   »gemeinsam essen«, bei Freizeit »mit X ins Kino gehen«,
   bei Wellness, was Ihnen konkret guttut.

Arbeit . . . .

. . . .

Familie . . . .

. . . .

Haushalt . . . .

. . . .

Freunde . . . .

. . . .

Freizeit . . . .

. . . .

Wellness . . . .

. . . .

Sport . . . .

. . . .

? . . . .

. . . .

? . . . .

. . . .

? . . . .

. . . .

? . . . .

. . . .

Nun kennen Sie Ihre Energiequellen. Jetzt müssen Sie
nur noch dafür sorgen, dass sie in Ihrem Alltag oft genug
sprudeln. In besonders anstrengenden, Energie rauben-
den Zeiten sind diese Quellen besonders wertvoll. Zapfen
Sie sie an, wann immer Sie sie brauchen!

Die Persönlichkeitsinventur

Das gute Gefühl,
seine Ressourcen zu kennen

»Was können Sie denn so richtig gut, Frau Klose?«

»Hm. Darüber habe ich eigentlich noch nie nachgedacht.«

»Was macht Ihnen denn besonders viel Spaß? Was uns besonders viel Spaß macht, das können wir meistens auch richtig gut«, füge ich hinzu.

»Ich glaube, ich kann ganz gut organisieren.«

Wenn eine Frau »ganz gut« sagt, dann meint sie in der Regel »sehr gut«. Sehr oft erlebe ich Klientinnen, die ihr Licht unter den Scheffel stellen und sich entsprechend schlecht präsentieren. Ich stehe am Flipchart und notiere: organisieren.

»Was noch?« Frau Klose denkt nach. Ich unterstütze sie: »Schildern Sie mir Situationen, in denen Sie erfolgreich waren! Was haben Sie dazu beigetragen?« Frau Klose erzählt von einem Projekt, das sie ganz allein gemanagt hat. Während sie erzählt, wird sie lebhafter. Noch zwei weitere Geschichten fallen ihr ein. Sie hat jetzt großen Spaß beim Erzählen. Nach etwa einer Stunde stehen 25 Fähigkeiten auf dem Flipchart, in denen Frau Klose richtig gut ist. Sie ist überrascht: so viele! Während sie zu Beginn noch eher im Sessel gekauert hatte, sitzt sie nun aufrecht da, fast stolz. Ich sage ihr das. Frau Klose strahlt: »Stimmt, das tut gut, das jetzt einmal so schwarz auf weiß zu sehen!«

Mit diesem guten Gefühl möchte ich Sie jetzt gern auf die nächsten beiden Wochen einstimmen. Lernen Sie sich besser kennen! Damit es schnell geht, finden Sie im Folgenden Listen, in denen Sie Ihre Stärken, Fähigkeiten, Interessen und Werte nur noch ankreuzen müssen. Sollten Ihnen Begebenheiten einfallen, in denen Sie erfolgreich waren – nur zu! Schreiben Sie sie auf; notieren Sie, was genau Sie zum Gelingen beigetragen haben. Seien Sie stolz auf sich! Und eine Bitte: Im nächsten Gehaltsgespräch stellen Sie Ihr Licht bitte auch nicht unter den Scheffel. Abgemacht?

Meine Stärken

Datum: . . . .

Bitte kreuzen Sie hier alle Fähigkeiten an, von denen Sie glauben, dass sie auf Sie zutreffen. Fragen Sie sich anschließend: Was tue ich davon besonders gern?

	Akten führen		coachen		für Menschen sorgen
	analysieren		delegieren		für Tiere sorgen
	andere unterhalten		dekorieren		Gastgeber sein
	Arbeit anderer leiten		diskutieren		Gegenstände herstellen
	auf andere zugehen		dreidimensional gestalten		Geschichten erzählen
	auf ein Ziel zuarbeiten		einrichten		gestalten
	basteln		entscheiden		Gruppen/Teams leiten
	bauen		entwerfen		handwerkliche Fähigkeiten
	behandeln, pflegen		erklären		Ideen entwickeln
	beobachten		etwas intuitiv erfassen		Ideen einbringen
	beraten		erneuernd tätig sein		illustrieren
	bildhauern		feinmotorische Fähigkeiten		initiieren
	budgetieren		feinmechanische Fähigkeiten		inszenieren
	Bühnenauftritte produzieren		fotografieren		interviewen

intuitiv erfassen	mit Gefühlen umgehen	Regie führen
im Team arbeiten	mit Geld umgehen	renovieren
kochen	mit dem Computer arbeiten	recherchieren
kommunizieren	mit Kindern arbeiten	reparieren
komponieren	Modelle bauen	restaurieren
Konflikte managen	motivieren	schreiben
Kontakte knüpfen	musische Fähigkeiten	sich auf Neues einlassen
kontrollieren	nähen	sich engagieren
Konzepte erstellen	netzwerken	sich durchsetzen
koordinieren	neue Ideen ausdenken	sich klar ausdrücken
körperl. Koordination einsetzen	Nahrung zubereiten	Sprache(n) sprechen
Korrektur lesen	öffentlich auftreten	strategisch denken
kuratieren	organisieren	strukturieren
layouten	planen	überzeugen
lehren	präsentieren	umsetzen
leiten, führen	programmieren	Verantwortung übernehmen
Lösungen finden	Projekte managen	Veränderungen einleiten
malen	Prozesse optimieren	verhandeln
mich in andere einfühlen	rechnen	verkaufen

vermitteln		zeichnen		?
visionär denken		zuhören		?
visualisieren		?		?
Vorträge halten		?		?
Wissen vermitteln		?		?

Meine Qualitäten

Datum: ....

Wie tun Sie, was Sie tun? Das sind Ihre besonderen Qualitäten. Bitte kreuzen Sie an! Welches sind Ihre fünf Haupteigenschaften? Welche davon mögen Sie am liebsten?

anpassungsfähig		beschützend		dominant
aufgeschlossen		beständig		durchsetzungsfähig
aufmerksam		besonnen		dynamisch
ausdauernd		charismatisch		effektiv
außergewöhnlich		diplomatisch		ehrlich
begeisterungsfähig		direkt		eindringlich
beharrlich		diskret		einfühlsam
belastbar		diszipliniert		einzigartig

empathisch	innovativ	impulsiv
engagiert	instinktiv	mitreißend
enthusiastisch	intelligent	mutig
entschlossen	intuitiv	neugierig
entschlussfreudig	kompetent	objektiv
erfahren	konservativ	optimistisch
erfinderisch	kontaktfreudig	offen
fair	kooperativ	ordentlich
fantasievoll	kreativ	praktisch
feinfühlig	kultiviert	pragmatisch
flexibel	langsam	professionell
geduldig	lebhaft	pünktlich
gelassen	leidenschaftlich	rational
genau	leistungs-orientiert	realistisch
geschickt	lernfähig	risikofreudig
gesprächig	liebevoll	ruhig
gründlich	loyal	sachlich
hartnäckig	lustig	scharfsinnig
hilfsbereit	menschlich	schüchtern
initiativ	methodisch	schnell

selbstbewusst		tolerant		zäh	
selbstsicher		überlegt		zielstrebig	
selbstständig		unabhängig		?	
sensibel		unbeschwert		?	
sicherheits-bewusst		ungeduldig		?	
sorgfältig		unkompliziert		?	
sinnlich		unternehmungs-lustig		?	
spontan		verantwortungs-bewusst		?	
sprunghaft		verlässlich		?	
stabil		verständnisvoll		?	
standhaft		vertrauensvoll		?	
stark		vielseitig		?	
taktvoll		vorsichtig		?	

Meine Interessen

Datum: . . . .

Interessen sind pure Energie! Wenn wir uns für ein Thema begeistern, dann vergessen wir oft die Zeit um uns herum. Stundenlang könnten wir Bücher darüber lesen, mit anderen darüber reden. Auf diese Weise eignen wir uns wertvolles Wissen an. Nutzen Sie diese Ressource als natürlichen Energiespender!

Kreuzen Sie fünf der folgenden Themen an, die Sie derzeit besonders interessieren. Spezifizieren Sie – wenn nötig – die einzelnen Themen. Notieren Sie zum Beispiel beim Thema »Kunst« den Begriff »zeitgenössische Kunst« oder einen bestimmten Künstler oder beim Thema »Naturwissenschaften« den Begriff »Hirnforschung«. Ergänzen Sie dann Ihre Spezialthemen entsprechend.

Architektur	Film	Lifestyle
Ayurveda	Frauen	Literatur
Beziehungen	Feminismus	Management
Biologie	Gärten	Medizin
Chemie	Geschichte	Marketing
Computer	Gesundheit	Menschen
Design	Kinder	Meditation
Erotik	Kochen	Mode
Esoterik	Kunst	Musik
Fahrzeuge	Kunsthandwerk	Natur
Fotografie	(andere) Kulturen	Neurologie
Familie	Lebens- geschichten	Pädagogik

Philosophie	?	?	
Politik	?	?	
Psychologie	?	?	
Physik	?	?	
Recht/Jura	?	?	
Reisen	?	?	
Religion	?	?	
Soziologie	?	?	
Spiele	?	?	
Sport	?	?	
Sprachen	?	?	
Spiritualität	?	?	
Tanz	?	?	
Technik	?	?	
Theater	?	?	
Tiere	?	?	
Wellness	?	?	
Wirtschaft	?	?	
Yoga	?	?	

Meine Werte

Datum: . . . .

Welche der folgenden Werte sind Ihnen besonders wichtig? Wenn Ihnen die Beantwortung schwer fällt, dann stellen Sie sich vor, dass Sie einen Preis gewonnen haben, und jemand eine Rede über Sie hält: Was würde er über Sie sagen?

	Anstand		Fairness		Höflichkeit
	Ansehen		Familiensinn		Humor
	Barmherzigkeit		Flexibilität		Idealismus
	Beharrlichkeit		Freisinn		Individualität
	Bescheidenheit		Freundlichkeit		Innovationsgeist
	Charakterstärke		Freundschaft		Integrität
	Demut		Fürsorge		Kreativität
	Disziplin		Geduld		Lebenslust
	Ehrerbietung		Genussfreude		Leidenschaft
	Ehrgeiz		Glaubwürdigkeit		Leistung
	Ehrlichkeit		Großzügigkeit		Liebe
	Engagement		Güte		Loyalität
	Erfolg		Hilfsbereitschaft		Menschlichkeit

	Miteinander		Vorurteilslosigkeit		?
	Mut		Wertschätzung		?
	Neugier		Würde		?
	Offenheit		Zielstrebigkeit		?
	Optimismus		Zufriedeneheit		?
	Pazifismus		Zusammenhalt		?
	Respekt		?		?
	Rücksicht		?		?
	Selbstachtung		?		?
	Sicherheit		?		?
	Spiritualität		?		?
	Standhaftigkeit		?		?
	Taktgefühl		?		?
	Toleranz		?		?
	Treue		?		?
	Verantwortung		?		?
	Verlässlichkeit		?		?
	Verständnis		?		?
	Vertrauen		?		?

Fazit

Datum: . . . .

Bitte tragen Sie ein:

Meine drei Stärken – Ich kann:	Meine drei Hauptqualitäten
1.	1.
2.	2.
3.	3.

Meine drei Lieblingsinteressen	Meine drei wichtigsten Werte
1.	1.
2.	2.
3.	3.

Und jetzt?

Vielleicht haben Sie erwartet, dass mit diesen Ergebnissen noch etwas passiert. Das ist nicht nötig! Denn es ist bereits etwas passiert. Durch die Beschäftigung mit sich selbst haben Sie einen Veränderungsprozess in Gang gesetzt. Sie blicken jetzt bereits anders auf sich selbst als vorher. Prüfen Sie doch einmal, inwiefern: Sehen Sie sich jetzt klarer? Haben Sie sich überrascht? Bemerken Sie ein neues Gefühl sich selbst gegenüber? Stolz? Sehnsucht? Registrieren Sie jede Veränderung – auch die klitzekleinste!

Wenn Sie mögen, können Sie jetzt direkt mit dem nächsten Teil weitermachen! Haben Sie Lust dazu?

Die Gefühlsinventur

Finden Sie in der ersten Woche heraus, wann Ihr »Bagatellisierungsmotor« anspringt: Bei Erschöpfung? Stress? Frust? Wut?

Hier noch einmal ein kurzer Überblick über den Ablauf:

1. Woche:
Für den ersten Tag gibt es ein Startformular, dessen Bearbeitung etwa 10 Minuten dauert. Für die Folgetage benötigen Sie nur noch jeweils etwa 5 Minuten. Am siebten Tag folgt die erste Auswertung: Welches Gefühl ist bei Ihnen am stärksten ausgeprägt (Hauptgefühl)? Planen Sie dafür bitte 10 Minuten ein. Wie Sie dabei vorgehen, ist auf den Auswertungsformularen beschrieben.

2. Woche:
In der zweiten Woche geht es um Ihr »Hauptgefühl«, wobei das auch zwei Gefühle sein können. Zusätzlich bewerten Sie auch in der zweiten Woche Ihr allgemeines Wohlbefinden mit den Formularen, die Ihnen schon aus der ersten Woche bekannt sind. Auch dieses Gefühl wird/ diese Gefühle werden am Ende der Woche ausgewertet.

Am Ende steht ein Fazit, das die Ergebnisse aus beiden Wochen miteinander vergleicht und auswertet.

Übrigens: Es geht bei den Formularen nicht um »richtig« oder »falsch«, sondern nur um Sie! Vertrauen Sie darauf, dass Sie instinktiv das für Sie Richtige tun werden. Jetzt holen Sie einmal tief Luft, um dann den Vertrag mit sich selbst auf der folgenden Seite zu unterschreiben – und loszulegen!

Ich wünsche Ihnen viel Spaß und viele neue Erkenntnisse!

Ihr Vertrag mit sich selbst

Hiermit gelobe ich, mich im Hinblick auf meine Gefühle in den nächsten zwei Wochen aufmerksam und mit mildem Blick zu beobachten. Ich werde dabei nicht werten, denn ich weiß, dass es keine falschen und keine richtigen Gefühle gibt. Es gibt nur meine Gefühle. Wie auch immer sie sein mögen, sie gehören zu mir, und ich werde sie annehmen.

_____

Datum   Unterschrift

Die erste Woche der Gefühlsinventur

Tag 1

Datum: . . . .

Launenbarometer

1 = sehr schlechte Laune
10 = sehr gute Laune

10
9
8
7
6
5
4
3
2
1

Spontan: Wie gut ist Ihre Laune heute?
Bitte schraffieren Sie die Fläche von 1 bis x entsprechend.

| 1 | 2 | 3 | 4 | 5 | 6 | 7 | 8 | 9 | 10 |

Wo – in Bezug auf Ihre Laune – möchten Sie in
zwei Wochen stehen?

Gefühle im Einzelnen

1 = überhaupt nicht gut
10 = sehr gut

1	2	3	4	5	6	7	8	9	10

Wie geht es Ihnen heute körperlich?

1	2	3	4	5	6	7	8	9	10

Wie geht es Ihnen heute seelisch?

1	2	3	4	5	6	7	8	9	10

Wo möchten Sie – in Bezug auf Ihr körperliches und seelisches
Wohlbefinden – gern die überwiegende Zeit stehen?

1	2	3	4	5	6	7	8	9	10

Wo möchten Sie in zwei Wochen stehen?

Was haben Sie heute getan, damit es Ihnen gut geht?

1. . . . .

2. . . . .

1 = überhaupt nicht
10 = sehr

| 1 | 2 | 3 | 4 | 5 | 6 | 7 | 8 | 9 | 10 |

Wie erschöpft sind Sie heute?

| 1 | 2 | 3 | 4 | 5 | 6 | 7 | 8 | 9 | 10 |

Wo würden Sie – in Bezug auf Ihre Erschöpfung – gerne die meiste Zeit stehen?

| 1 | 2 | 3 | 4 | 5 | 6 | 7 | 8 | 9 | 10 |

Wo möchten Sie in zwei Wochen stehen?

| 1 | 2 | 3 | 4 | 5 | 6 | 7 | 8 | 9 | 10 |

Wie gestresst sind Sie heute?

| 1 | 2 | 3 | 4 | 5 | 6 | 7 | 8 | 9 | 10 |

Wo würden Sie – in Bezug auf Ihren Stress – gerne die meiste Zeit stehen?

| 1 | 2 | 3 | 4 | 5 | 6 | 7 | 8 | 9 | 10 |

An welcher Stelle möchten Sie in zwei Wochen stehen?

1 = überhaupt nicht
10 = sehr

| 1 | 2 | 3 | 4 | 5 | 6 | 7 | 8 | 9 | 10 |

Wie frustriert sind Sie heute?

| 1 | 2 | 3 | 4 | 5 | 6 | 7 | 8 | 9 | 10 |

Wo würden Sie – in Bezug auf Ihren Frust – gerne die meiste Zeit stehen?

| 1 | 2 | 3 | 4 | 5 | 6 | 7 | 8 | 9 | 10 |

Wo möchten Sie in zwei Wochen stehen?

| 1 | 2 | 3 | 4 | 5 | 6 | 7 | 8 | 9 | 10 |

Wie wütend sind Sie heute?

| 1 | 2 | 3 | 4 | 5 | 6 | 7 | 8 | 9 | 10 |

Wo würden Sie – in Bezug auf Ihre Wut – gerne die meiste Zeit stehen?

| 1 | 2 | 3 | 4 | 5 | 6 | 7 | 8 | 9 | 10 |

An welcher Stelle möchten Sie in zwei Wochen stehen?

Tag 2

Datum: . . . .

Launenbarometer

1 = sehr schlechte Laune
10 = sehr gute Laune

10
9
8
7
6
5
4
3
2
1

Spontan: Wie gut ist Ihre Laune heute?
Bitte schraffieren Sie die Fläche von 1 bis x entsprechend.

Gefühle im Einzelnen

1 = überhaupt nicht (gut)

10 = sehr (gut)

1	2	3	4	5	6	7	8	9	10

Wie geht es Ihnen heute körperlich?

1	2	3	4	5	6	7	8	9	10

Wie geht es Ihnen heute seelisch?

| 1 | 2 | 3 | 4 | 5 | 6 | 7 | 8 | 9 | 10 |

Wie erschöpft sind Sie heute?

| 1 | 2 | 3 | 4 | 5 | 6 | 7 | 8 | 9 | 10 |

Wie gestresst sind Sie heute?

| 1 | 2 | 3 | 4 | 5 | 6 | 7 | 8 | 9 | 10 |

Wie frustriert sind Sie heute?

| 1 | 2 | 3 | 4 | 5 | 6 | 7 | 8 | 9 | 10 |

Wie wütend sind Sie heute?

Minifazit für den Tag:

Notieren Sie kurz, welche Personen, Ereignisse, Situationen Ihnen heute gute Laune/ein gutes Gefühl bereitet haben. Ordnen Sie diesen einen entsprechenden Wert von 1 bis 10 zu.

1. . . . .
. . . . □

2. . . . .
. . . . □

3. . . . .
. . . . □

Tag 3

Datum: . . . .

Launenbarometer

1 = sehr schlechte Laune
10 = sehr gute Laune

10
9
8
7
6
5
4
3
2
1

Spontan: Wie gut ist Ihre Laune heute?
Bitte schraffieren Sie die Fläche von 1 bis x entsprechend.

Gefühle im Einzelnen

1 = überhaupt nicht (gut)

10 = sehr (gut)

1	2	3	4	5	6	7	8	9	10

Wie geht es Ihnen heute körperlich?

1	2	3	4	5	6	7	8	9	10

Wie geht es Ihnen heute seelisch?

| 1 | 2 | 3 | 4 | 5 | 6 | 7 | 8 | 9 | 10 |

Wie erschöpft sind Sie heute?

| 1 | 2 | 3 | 4 | 5 | 6 | 7 | 8 | 9 | 10 |

Wie gestresst sind Sie heute?

| 1 | 2 | 3 | 4 | 5 | 6 | 7 | 8 | 9 | 10 |

Wie frustriert sind Sie heute?

| 1 | 2 | 3 | 4 | 5 | 6 | 7 | 8 | 9 | 10 |

Wie wütend sind Sie heute?

Minifazit für den Tag:
Notieren Sie kurz, welche Personen, Ereignisse, Situationen Ihnen heute gute Laune/ein gutes Gefühl bereitet haben. Ordnen Sie diesen einen entsprechenden Wert von 1 bis 10 zu.

1. . . . .
. . . . ☐

2. . . . .
. . . . ☐

3. . . . .
. . . . ☐

Tag 4

Datum: . . . .

Launenbarometer

1 = sehr schlechte Laune
10 = sehr gute Laune

10
9
8
7
6
5
4
3
2
1

Spontan: Wie gut ist Ihre Laune heute?
Bitte schraffieren Sie die Fläche von 1 bis x entsprechend.

Gefühle im Einzelnen

1 = überhaupt nicht (gut)

10 = sehr (gut)

1	2	3	4	5	6	7	8	9	10

Wie geht es Ihnen heute körperlich?

1	2	3	4	5	6	7	8	9	10

Wie geht es Ihnen heute seelisch?

| 1 | 2 | 3 | 4 | 5 | 6 | 7 | 8 | 9 | 10 |

Wie erschöpft sind Sie heute?

| 1 | 2 | 3 | 4 | 5 | 6 | 7 | 8 | 9 | 10 |

Wie gestresst sind Sie heute?

| 1 | 2 | 3 | 4 | 5 | 6 | 7 | 8 | 9 | 10 |

Wie frustriert sind Sie heute?

| 1 | 2 | 3 | 4 | 5 | 6 | 7 | 8 | 9 | 10 |

Wie wütend sind Sie heute?

Minifazit für den Tag:

Notieren Sie kurz, welche Personen, Ereignisse, Situationen Ihnen heute gute Laune/ein gutes Gefühl bereitet haben. Ordnen Sie diesen einen entsprechenden Wert von 1 bis 10 zu.

1. . . . . ☐

2. . . . . ☐

3. . . . . ☐

Tag 5

Datum: . . . .

Launenbarometer

1 = sehr schlechte Laune
10 = sehr gute Laune

10
9
8
7
6
5
4
3
2
1

Spontan: Wie gut ist Ihre Laune heute?
Bitte schraffieren Sie die Fläche von 1 bis x entsprechend.

Gefühle im Einzelnen

1 = überhaupt nicht (gut)

10 = sehr (gut)

1	2	3	4	5	6	7	8	9	10

Wie geht es Ihnen heute körperlich?

1	2	3	4	5	6	7	8	9	10

Wie geht es Ihnen heute seelisch?

| 1 | 2 | 3 | 4 | 5 | 6 | 7 | 8 | 9 | 10 |

Wie erschöpft sind Sie heute?

| 1 | 2 | 3 | 4 | 5 | 6 | 7 | 8 | 9 | 10 |

Wie gestresst sind Sie heute?

| 1 | 2 | 3 | 4 | 5 | 6 | 7 | 8 | 9 | 10 |

Wie frustriert sind Sie heute?

| 1 | 2 | 3 | 4 | 5 | 6 | 7 | 8 | 9 | 10 |

Wie wütend sind Sie heute?

Minifazit für den Tag:
Notieren Sie kurz, welche Personen, Ereignisse, Situationen Ihnen heute gute Laune/ein gutes Gefühl bereitet haben. Ordnen Sie diesen einen entsprechenden Wert von 1 bis 10 zu.

1. . . . .
. . . . □

2. . . . .
. . . . □

3. . . . .
. . . . □

Tag 6

Datum: . . . .

Launenbarometer

1 = sehr schlechte Laune
10 = sehr gute Laune

10
9
8
7
6
5
4
3
2
1

Spontan: Wie gut ist Ihre Laune heute?
Bitte schraffieren Sie die Fläche von 1 bis x entsprechend.

Gefühle im Einzelnen

1 = überhaupt nicht (gut)

10 = sehr (gut)

_____

| 1 | 2 | 3 | 4 | 5 | 6 | 7 | 8 | 9 | 10 |

Wie geht es Ihnen heute körperlich?

_____

| 1 | 2 | 3 | 4 | 5 | 6 | 7 | 8 | 9 | 10 |

Wie geht es Ihnen heute seelisch?

_____

| 1 | 2 | 3 | 4 | 5 | 6 | 7 | 8 | 9 | 10 |

Wie erschöpft sind Sie heute?

| 1 | 2 | 3 | 4 | 5 | 6 | 7 | 8 | 9 | 10 |

Wie gestresst sind Sie heute?

| 1 | 2 | 3 | 4 | 5 | 6 | 7 | 8 | 9 | 10 |

Wie frustriert sind Sie heute?

| 1 | 2 | 3 | 4 | 5 | 6 | 7 | 8 | 9 | 10 |

Wie wütend sind Sie heute?

Minifazit für den Tag:

Notieren Sie kurz, welche Personen, Ereignisse, Situationen Ihnen heute gute Laune/ein gutes Gefühl bereitet haben. Ordnen Sie diesen einen entsprechenden Wert von 1 bis 10 zu.

1. . . . .
. . . . □

2. . . . .
. . . . □

3. . . . .
. . . . □

Tag 7

Datum: . . . .

Launenbarometer

1 = sehr schlechte Laune
10 = sehr gute Laune

10
9
8
7
6
5
4
3
2
1

Spontan: Wie gut ist Ihre Laune heute?
Bitte schraffieren Sie die Fläche von 1 bis x entsprechend.

Gefühle im Einzelnen

1 = überhaupt nicht (gut)

10 = sehr (gut)

1	2	3	4	5	6	7	8	9	10

Wie geht es Ihnen heute körperlich?

1	2	3	4	5	6	7	8	9	10

Wie geht es Ihnen heute seelisch?

| 1 | 2 | 3 | 4 | 5 | 6 | 7 | 8 | 9 | 10 |

Wie erschöpft sind Sie heute?

| 1 | 2 | 3 | 4 | 5 | 6 | 7 | 8 | 9 | 10 |

Wie gestresst sind Sie heute?

| 1 | 2 | 3 | 4 | 5 | 6 | 7 | 8 | 9 | 10 |

Wie frustriert sind Sie heute?

| 1 | 2 | 3 | 4 | 5 | 6 | 7 | 8 | 9 | 10 |

Wie wütend sind Sie heute?

Minifazit für den Tag:

Notieren Sie kurz, welche Personen, Ereignisse, Situationen Ihnen heute gute Laune/ein gutes Gefühl bereitet haben. Ordnen Sie diesen einen entsprechenden Wert von 1 bis 10 zu.

1. . . . .
. . . . □

2. . . . .
. . . . □

3. . . . .
. . . . □

Beispiel für die Auswertung

Übertragen Sie hier bitte die Werte der ersten Skala aus der ersten Woche, indem Sie am jeweiligen Tag (Tag 1 bis Tag 7) bei der entsprechenden Zahl einen Punkt machen wie in folgendem Beispiel:

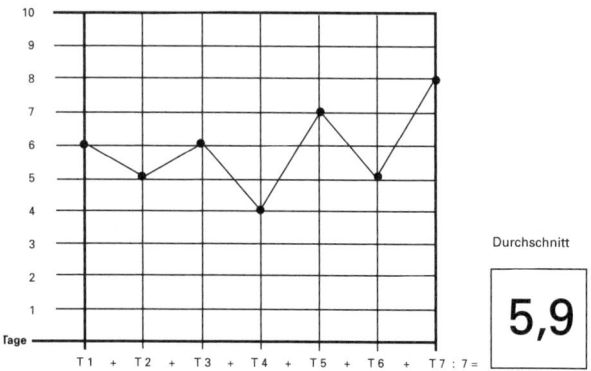

Ermitteln Sie dann den Durchschnittswert, indem Sie die Werte der einzelnen Tage zusammenzählen und durch sieben teilen. Runden Sie die Zahlen nach dem Komma auf oder ab. In diesem Beispiel ergab sich der Wert 5,85. Er wurde auf 5,9 aufgerundet. Verfahren Sie bei den folgenden Skalen bitte genauso.

Auswertung der ersten Woche

Diagramm »Wie geht's?«

Datum: . . . .

Tragen Sie hier bitte die Wochenwerte für »Wie geht es Ihnen körperlich?« ein.

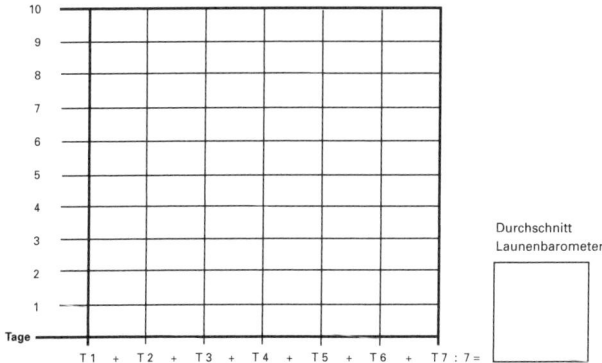

Tragen Sie hier bitte die Wochenwerte für »Wie geht es Ihnen seelisch?« ein.

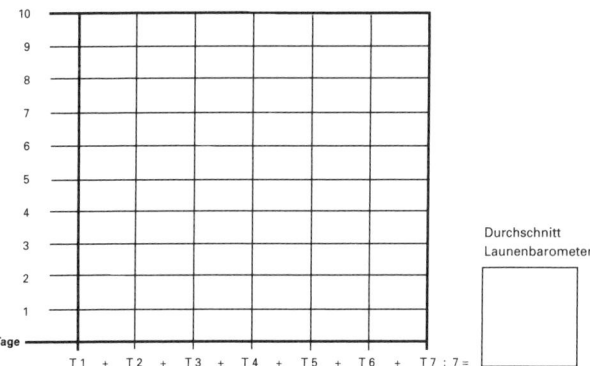

Launenbarometer

Datum: . . . .

Tragen Sie hier bitte die Wochenwerte Ihres Launenbarometers ein.

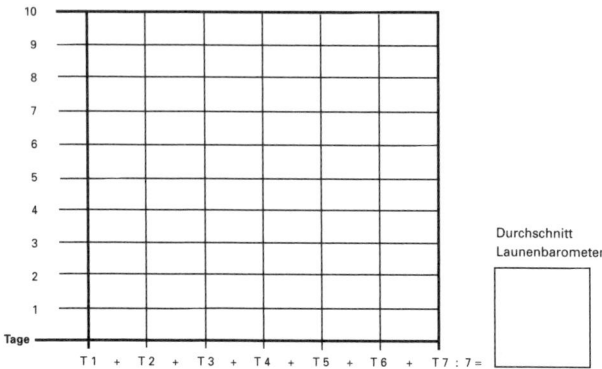

Übertragen Sie nun den Durchschnittswert auf dieses Barometer, und schraffieren Sie die Fläche entsprechend.

| 10 |
| 9 |
| 8 |
| 7 |
| 6 |
| 5 |
| 4 |
| 3 |
| 2 |
| 1 |

Erschöpfungs-Diagramm

Datum: . . . .

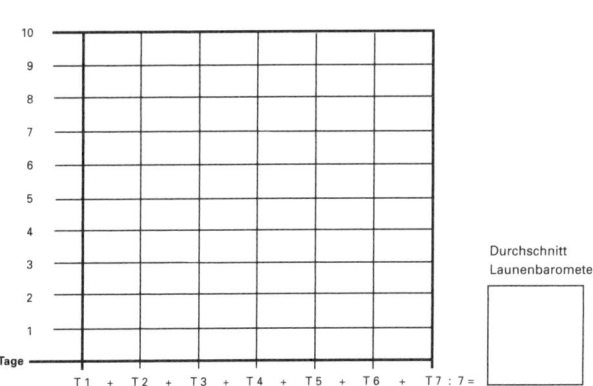

Durchschnitt
Launenbarometer

Stress-Diagramm

Datum: . . . .

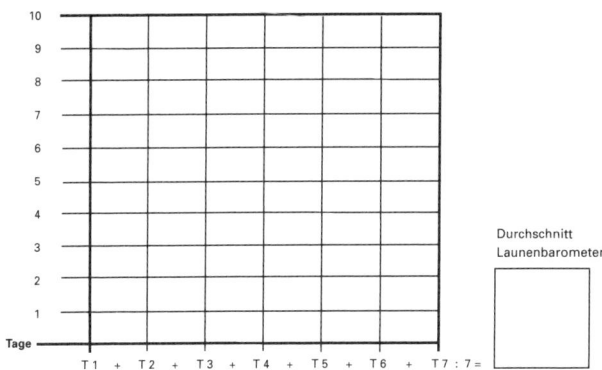

Durchschnitt
Launenbarometer

Frust-Diagramm

Datum: . . . .

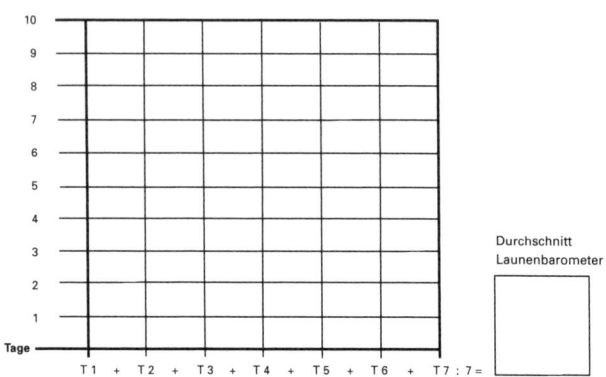

Durchschnitt
Launenbarometer

Wut-Diagramm

Datum: . . . .

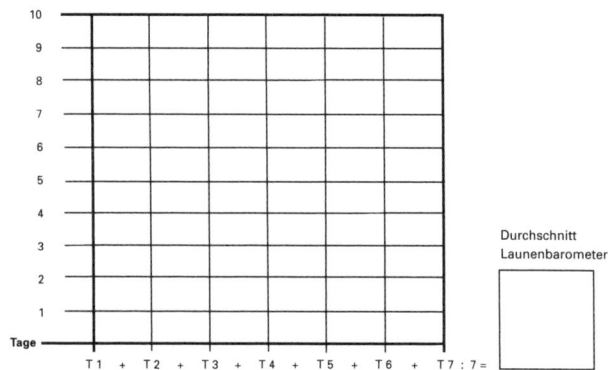

Durchschnitt
Launenbarometer

1. Fazit: Allgemeines Befinden

Datum: . . . .

Übertragen Sie jetzt bitte Ihre Durchschnittswerte von Seite 71 f. in folgende Kästchen:

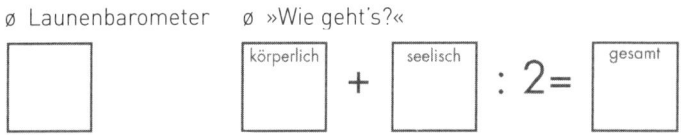

ø Launenbarometer   ø »Wie geht's?«

A Sind Ihnen diese Werte gut genug? Schön! Beobachten Sie sich noch eine weitere Woche und finden Sie heraus, wie stabil Ihr Wohlbefinden ist.

B Sind Ihnen diese Werte zu niedrig? Dann tragen Sie jetzt die Werte ein, die Sie Ende nächster Woche erreicht haben möchten (Wunschwerte, 1 bis 10, ganze Zahlen!):

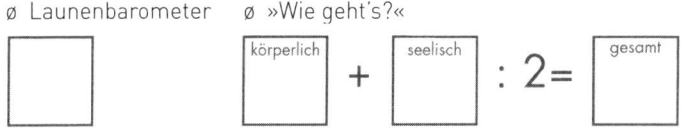

ø Launenbarometer   ø »Wie geht's?«

Werfen Sie jetzt bitte einen Blick auf Ihr Launenbarometer der letzten Woche (Seite 72): Welche Personen, Ereignisse, Situationen haben Ihnen in den letzten Tagen gute Laune/ein gutes Gefühl bereitet?

Notieren Sie drei davon, die Sie nächste Woche gut aktivieren können.

Wichtig: Planen Sie diese drei jetzt fest in Ihren Terminkalender ein! Falls es sich zum Beispiel um Personen handelt, können Sie sich jetzt sofort mit ihnen verabreden. Diese Menschen freuen sich sicher zu hören, dass sie erheblich zur Steigerung Ihres Wohlbefindens beigetragen haben!

1. . . . .
. . . .
. . . .
. . . .
. . . .
2. . . . .
. . . .
. . . .
. . . .
. . . .
3. . . . .
. . . .
. . . .
. . . .
. . . .

2. Fazit: Spezielle Gefühle

Datum: . . . .

Übertragen Sie bitte auch hier Ihre Durchschnittswerte
in folgende Kästchen:

ø Erschöpfung   ø Stress   ø Frust   ø Wut

Wo ist der Wert am höchsten? Welches ist das Gefühl,
das Ihnen hauptsächlich Probleme bereitet? Kringeln Sie
dieses Kästchen ein und tragen Sie den Wert ein, den Sie
in einer Woche erreicht haben möchten (Wunschwert,
1 bis 10, ganze Zahlen!).

ø Erschöpfung   ø Stress   ø Frust   ø Wut

Gibt es einen zweithöchsten Wert, der ähnlich hoch ist?
Dann tragen Sie Ihren Wunschwert für Ende nächster
Woche ebenfalls in das dafür vorgesehene Kästchen ein.

Und so geht es weiter:

1. Machen Sie zunächst die kurze Übung auf der folgenden Seite.

2. Setzen Sie die zweite Woche nun mit den Formularen zu dem Gefühl fort, bei dem Ihr Wert am höchsten ist. Wenn Sie möchten, können Sie auch mehrere Formulare wählen – zum Beispiel dann, wenn die Werte sehr ähnlich sind. Bedenken Sie dabei, dass das Ausfüllen der Formulare der zweiten Woche etwas länger dauert.

3. Füllen Sie bitte unabhängig von Ihren Werten die Formulare zu Ihrem allgemeinen Wohlbefinden (»Wie geht's?« und »Launenbarometer«) weiterhin aus.

Übung

(Dauer etwa 10 Minuten)
Datum: . . . .

Setzen Sie sich gemütlich hin, schließen Sie die Augen und lassen Sie Ihre Gedanken zu folgender Frage schweifen: Wie könnte ich meine Situation in Bezug auf mein(e) Hauptgefühl(e) noch verschlimmern? Auf den ersten Blick klingt diese Frage absurd. Geben Sie ihr dennoch eine Chance und seien Sie offen und neugierig auf mögliche Antworten! Lesen Sie bitte erst unten weiter, wenn Sie mindestens eine Antwort haben.

Tragen Sie Ihre Gedanken anschließend hier ein:

1. Ich könnte . . . .
. . . .

2. Ich könnte . . . .
. . . .

3. Ich könnte . . . .
. . . .

Wenn Sie wissen, was Sie tun können, um Ihre Situation zu verschlimmern, können Sie sie genau an den Punkten, die Sie oben notiert haben verbessern. Verwandeln Sie Ihre Antwort(en) jetzt in eine konkrete Handlunganleitung zur Verbesserung!

1. Ich werde . . . .
. . . .

2. Ich werde . . . .
. . . .

3. Ich werde . . . .
. . . .

Die zweite Woche der Gefühlsinventur

Sie starten auch in der zweiten Woche jeden Tag mit den Grundformularen über Ihr allgemeines Befinden. Wie in der ersten Woche erfolgt dann am siebten Tag die Auswertung. Die Diagramme für die zweite Woche finden Sie auf Seite 96.

Im Anschluss daran liegt der Fokus dann auf Ihrem ermittelten »Hauptgefühl« (oder, wenn Sie zwei haben, auf ihren beiden »Hauptgefühlen«). Lernen Sie es/sie besser kennen, finden Sie konkrete Ursachen heraus und entwickeln Sie erste Lösungsschritte. Hier finden Sie Ihr(e) Hauptgefühl(e):

Erschöpfung: Seite 94 – 101   Stress: Seite 102 – 109
Frust: Seite 110 – 117   Wut: Seite 119 – 125

Auch hier erfolgt am siebten Tag die Auswertung. Sie finden die Diagramme jeweils im Anschluss an die Formulare.

Die Auswertung für beide Wochen finden Sie auf Seite 132 ff.

Sie werden jetzt schon merken, wie gut es Ihnen tut, »nur« gedanklich aus Ihrem bisherigen Leben auszusteigen! Ich wünsche Ihnen viel Selbsterkenntnis und viel Spaß!

Tag 8

Datum: . . . .

Launenbarometer

Spontan: Wie gut ist Ihre Laune heute?
Bitte schraffieren Sie die Fläche von
1 bis x entsprechend.

  1 = sehr schlechte Laune
10 = sehr gute Laune

10
9
8
7
6
5
4
3
2
1

Gefühle im Einzelnen:

  1 = überhaupt nicht gut
10 = sehr gut

1	2	3	4	5	6	7	8	9	10

Wie geht es Ihnen heute körperlich?

1	2	3	4	5	6	7	8	9	10

Wie geht es Ihnen heute seelisch?

Minifazit für den Tag:
Was haben Sie heute getan, damit es Ihnen gut geht?

1. . . . .
. . . .
2. . . . .
. . . .
3. . . . .
. . . .

Notieren Sie kurz, welche Personen, Ereignisse, Situationen Ihnen heute gute Laune/ein gutes Gefühl bereitet haben. Ordnen Sie diesen einen entsprechenden Wert von 1 bis 10 zu.

1. . . . .
. . . . ☐
2. . . . .
. . . . ☐
3. . . . .
. . . . ☐

Tag 9

Datum: . . . .

Launenbarometer

Spontan: Wie gut ist Ihre Laune heute?
Bitte schraffieren Sie die Fläche von
1 bis x entsprechend.

1 = sehr schlechte Laune
10 = sehr gute Laune

10
9
8
7
6
5
4
3
2
1

Gefühle im Einzelnen:

1 = überhaupt nicht gut
10 = sehr gut

1	2	3	4	5	6	7	8	9	10

Wie geht es Ihnen heute körperlich?

1	2	3	4	5	6	7	8	9	10

Wie geht es Ihnen heute seelisch?

Minifazit für den Tag:
Was haben Sie heute getan, damit es Ihnen gut geht?

1. . . . .
. . . .
2. . . . .
. . . .
3. . . . .
. . . .

Notieren Sie kurz, welche Personen, Ereignisse, Situationen Ihnen heute gute Laune/ein gutes Gefühl bereitet haben. Ordnen Sie diesen einen entsprechenden Wert von 1 bis 10 zu.

1. . . . .
. . . . □
2. . . . .
. . . . □
3. . . . .
. . . . □

Tag 10

Datum: . . . .

Launenbarometer

Spontan: Wie gut ist Ihre Laune heute?
Bitte schraffieren Sie die Fläche von
1 bis x entsprechend.

  1 = sehr schlechte Laune
10 = sehr gute Laune

10
9
8
7
6
5
4
3
2
1

Gefühle im Einzelnen:

  1 = überhaupt nicht gut
10 = sehr gut

1	2	3	4	5	6	7	8	9	10

Wie geht es Ihnen heute körperlich?

1	2	3	4	5	6	7	8	9	10

Wie geht es Ihnen heute seelisch?

Minifazit für den Tag:
Was haben Sie heute getan, damit es Ihnen gut geht?

1. . . . .
. . . .
2. . . . .
. . . .
3. . . . .
. . . .

Notieren Sie kurz, welche Personen, Ereignisse, Situationen Ihnen heute gute Laune/ein gutes Gefühl bereitet haben. Ordnen Sie diesen einen entsprechenden Wert von 1 bis 10 zu.

1. . . . .
. . . . ☐
2. . . . .
. . . . ☐
3. . . . .
. . . . ☐

Tag 11

Datum: . . . .

Launenbarometer

Spontan: Wie gut ist Ihre Laune heute?
Bitte schraffieren Sie die Fläche von
1 bis x entsprechend.

1 = sehr schlechte Laune
10 = sehr gute Laune

10
9
8
7
6
5
4
3
2
1

Gefühle im Einzelnen:

1 = überhaupt nicht gut
10 = sehr gut

| 1 | 2 | 3 | 4 | 5 | 6 | 7 | 8 | 9 | 10 |

Wie geht es Ihnen heute körperlich?

| 1 | 2 | 3 | 4 | 5 | 6 | 7 | 8 | 9 | 10 |

Wie geht es Ihnen heute seelisch?

Minifazit für den Tag:
Was haben Sie heute getan, damit es Ihnen gut geht?

1. . . . .
. . . .
2. . . . .
. . . .
3. . . . .
. . . .

Notieren Sie kurz, welche Personen, Ereignisse, Situationen Ihnen heute gute Laune/ein gutes Gefühl bereitet haben. Ordnen Sie diesen einen entsprechenden Wert von 1 bis 10 zu.

1. . . . .
. . . . □
2. . . . .
. . . . □
3. . . . .
. . . . □

Tag 12

Datum: . . . .

Launenbarometer

Spontan: Wie gut ist Ihre Laune heute?
Bitte schraffieren Sie die Fläche von
1 bis x entsprechend.

 1 = sehr schlechte Laune
10 = sehr gute Laune

10
9
8
7
6
5
4
3
2
1

Gefühle im Einzelnen:

 1 = überhaupt nicht gut
10 = sehr gut

1	2	3	4	5	6	7	8	9	10

Wie geht es Ihnen heute körperlich?

1	2	3	4	5	6	7	8	9	10

Wie geht es Ihnen heute seelisch?

Minifazit für den Tag:
Was haben Sie heute getan, damit es Ihnen gut geht?

1. . . . .
. . . .
2. . . . .
. . . .
3. . . . .
. . . .

Notieren Sie kurz, welche Personen, Ereignisse, Situationen Ihnen heute gute Laune/ein gutes Gefühl bereitet haben. Ordnen Sie diesen einen entsprechenden Wert von 1 bis 10 zu.

1. . . . .
. . . . □
2. . . . .
. . . . □
3. . . . .
. . . . □

Tag 13

Datum: . . . .

Launenbarometer

Spontan: Wie gut ist Ihre Laune heute?
Bitte schraffieren Sie die Fläche von
1 bis x entsprechend.

  1 = sehr schlechte Laune
10 = sehr gute Laune

10
9
8
7
6
5
4
3
2
1

Gefühle im Einzelnen:

  1 = überhaupt nicht gut
10 = sehr gut

_____

| 1 | 2 | 3 | 4 | 5 | 6 | 7 | 8 | 9 | 10 |

Wie geht es Ihnen heute körperlich?

_____

| 1 | 2 | 3 | 4 | 5 | 6 | 7 | 8 | 9 | 10 |

Wie geht es Ihnen heute seelisch?

_____

Minifazit für den Tag:
Was haben Sie heute getan, damit es Ihnen gut geht?

1. . . . .
. . . .
2. . . . .
. . . .
3. . . . .
. . . .

Notieren Sie kurz, welche Personen, Ereignisse, Situationen Ihnen heute gute Laune/ein gutes Gefühl bereitet haben. Ordnen Sie diesen einen entsprechenden Wert von 1 bis 10 zu.

1. . . . .
. . . . □
2. . . . .
. . . . □
3. . . . .
. . . . □

Tag 14

Datum: . . . .

Launenbarometer

Spontan: Wie gut ist Ihre Laune heute?
Bitte schraffieren Sie die Fläche von
1 bis x entsprechend.

  1 = sehr schlechte Laune
10 = sehr gute Laune

10
9
8
7
6
5
4
3
2
1

Gefühle im Einzelnen:

  1 = überhaupt nicht gut
10 = sehr gut

_____

1	2	3	4	5	6	7	8	9	10

Wie geht es Ihnen heute körperlich?

_____

1	2	3	4	5	6	7	8	9	10

Wie geht es Ihnen heute seelisch?

_____

Minifazit für den Tag:
Was haben Sie heute getan, damit es Ihnen gut geht?

1. . . . .
. . . .
2. . . . .
. . . .
3. . . . .
. . . .

Notieren Sie kurz, welche Personen, Ereignisse, Situationen Ihnen heute gute Laune/ein gutes Gefühl bereitet haben. Ordnen Sie diesen einen entsprechenden Wert von 1 bis 10 zu.

1. . . . .
. . . . ☐
2. . . . .
. . . . ☐
3. . . . .
. . . . ☐

Auswertung der zweiten Woche

Diagramm »Wie geht's?«

Datum: . . . .

Tragen Sie hier bitte die Wochenwerte für »Wie geht es Ihnen körperlich?« ein.

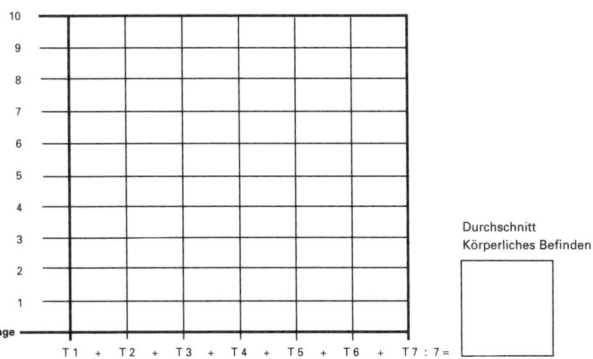

Tragen Sie hier bitte die Wochenwerte für »Wie geht es Ihnen seelisch?« ein.

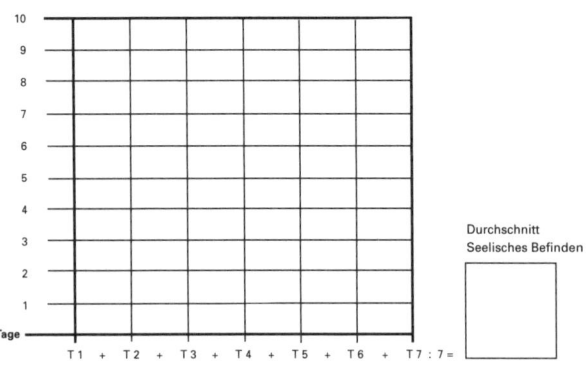

Launenbarometer

Datum: . . . .

Tragen Sie hier bitte die Wochenwerte Ihres Launenbarometers ein.

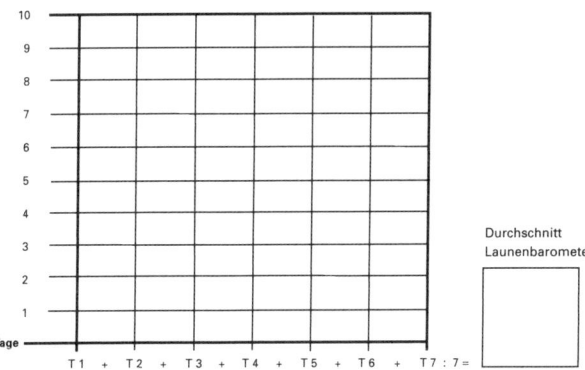

Übertragen Sie nun den Durchschnittswert auf dieses Barometer und schraffieren Sie die Fläche entsprechend.

Tag 8 Erschöpfung

Datum: . . . .

1 = überhaupt nicht erschöpft
10 = sehr erschöpft

| 1 | 2 | 3 | 4 | 5 | 6 | 7 | 8 | 9 | 10 |

Wie erschöpft sind Sie heute?

Notieren Sie kurz: Wer oder was hat Sie heute am meisten erschöpft?

. . . .

. . . .

Haben Sie eine Idee, was Sie tun könnten, damit die oben genannten Erschöpfungsauslöser Sie in Zukunft weniger erschöpfen?

. . . .

. . . .

Notieren Sie hier etwas, das Sie morgen anders machen werden. Das kann auch eine Kleinigkeit sein! Hauptsache, Sie können es wirklich umsetzen.

Morgen werde ich . . . .

. . . .

Tag 9 Erschöpfung

Datum: . . . .

1 = überhaupt nicht erschöpft
10 = sehr erschöpft

| 1 | 2 | 3 | 4 | 5 | 6 | 7 | 8 | 9 | 10 |

Wie erschöpft sind Sie heute?

Notieren Sie kurz: Wer oder was hat Sie heute am meisten erschöpft?

. . . .

. . . .

Haben Sie eine Idee, was Sie tun könnten, damit die oben genannten Erschöpfungsauslöser Sie in Zukunft weniger erschöpfen?

. . . .

. . . .

Notieren Sie hier etwas, das Sie morgen anders machen werden. Das kann auch eine Kleinigkeit sein! Hauptsache, Sie können es wirklich umsetzen.

Morgen werde ich . . . .

. . . .

Tag 10 Erschöpfung

Datum: . . . .

1 = überhaupt nicht erschöpft
10 = sehr erschöpft

| 1 | 2 | 3 | 4 | 5 | 6 | 7 | 8 | 9 | 10 |

Wie erschöpft sind Sie heute?

Notieren Sie kurz: Wer oder was hat Sie heute am meisten erschöpft?

. . . .

. . . .

Haben Sie eine Idee, was Sie tun könnten, damit die oben genannten Erschöpfungsauslöser Sie in Zukunft weniger erschöpfen?

. . . .

. . . .

Notieren Sie hier etwas, das Sie morgen anders machen werden. Das kann auch eine Kleinigkeit sein! Hauptsache, Sie können es wirklich umsetzen.

Morgen werde ich . . . .

. . . .

Tag 11 Erschöpfung

Datum: . . . .

1 = überhaupt nicht erschöpft
10 = sehr erschöpft

1	2	3	4	5	6	7	8	9	10

Wie erschöpft sind Sie heute?

Notieren Sie kurz: Wer oder was hat Sie heute am meisten erschöpft?

. . . .

. . . .

Haben Sie eine Idee, was Sie tun könnten, damit die oben genannten Erschöpfungsauslöser Sie in Zukunft weniger erschöpfen?

. . . .

. . . .

Notieren Sie hier etwas, das Sie morgen anders machen werden. Das kann auch eine Kleinigkeit sein! Hauptsache, Sie können es wirklich umsetzen.

Morgen werde ich . . . .

. . . .

Tag 12 Erschöpfung

Datum: . . . .

1 = überhaupt nicht erschöpft
10 = sehr erschöpft

| 1 | 2 | 3 | 4 | 5 | 6 | 7 | 8 | 9 | 10 |

Wie erschöpft sind Sie heute?

Notieren Sie kurz: Wer oder was hat Sie heute am meisten erschöpft?

. . . .

. . . .

Haben Sie eine Idee, was Sie tun könnten, damit die oben genannten Erschöpfungsauslöser Sie in Zukunft weniger erschöpfen?

. . . .

. . . .

Notieren Sie hier etwas, das Sie morgen anders machen werden. Das kann auch eine Kleinigkeit sein! Hauptsache, Sie können es wirklich umsetzen.

Morgen werde ich . . . .

. . . .

Tag 13 Erschöpfung

Datum: . . . .

1 = überhaupt nicht erschöpft
10 = sehr erschöpft

1	2	3	4	5	6	7	8	9	10

Wie erschöpft sind Sie heute?

Notieren Sie kurz: Wer oder was hat Sie heute am meisten erschöpft?

. . . .

. . . .

Haben Sie eine Idee, was Sie tun könnten, damit die oben genannten Erschöpfungsauslöser Sie in Zukunft weniger erschöpfen?

. . . .

. . . .

Notieren Sie hier etwas, das Sie morgen anders machen werden. Das kann auch eine Kleinigkeit sein! Hauptsache, Sie können es wirklich umsetzen.

Morgen werde ich . . . .

. . . .

Tag 14 Erschöpfung

Datum: . . . .

1 = überhaupt nicht erschöpft
10 = sehr erschöpft

| 1 | 2 | 3 | 4 | 5 | 6 | 7 | 8 | 9 | 10 |

Wie erschöpft sind Sie heute?

Notieren Sie kurz: Wer oder was hat Sie heute am meisten erschöpft?

. . . .

. . . .

Haben Sie eine Idee, was Sie tun könnten, damit die oben genannten Erschöpfungsauslöser Sie in Zukunft weniger erschöpfen?

. . . .

. . . .

Notieren Sie hier etwas, das Sie morgen anders machen werden. Das kann auch eine Kleinigkeit sein! Hauptsache, Sie können es wirklich umsetzen.

Morgen werde ich . . . .

. . . .

Auswertung der zweiten Woche

Erschöpfungs-Diagramm

Datum: . . . .

Übertragen Sie bitte Ihre Werte aus der letzten Woche in
dieses Diagramm wie in dem Beispiel auf Seite 66.

Möchten Sie an dieser Stelle schon ein kleines Resümee
ziehen?

Wenn Sie mögen, können Sie hier notieren, was sich
in den letzten Tagen für Sie verändert hat. Denken Sie an
den Moment, in dem Sie dieses Buch gekauft haben. Gibt
es etwas, das Sie jetzt vielleicht anders wahrnehmen oder
anders empfinden?

. . . .

. . . .

. . . .

Tag 8 Stress

Datum: . . . .

1 = überhaupt nicht gestresst
10 = sehr gestresst

| 1 | 2 | 3 | 4 | 5 | 6 | 7 | 8 | 9 | 10 |

Wie sehr fühlen Sie sich heute gestresst?

Notieren Sie kurz, welche Personen, Ereignisse, Situationen den Stress ausgelöst haben.

Wie sehr von 1 bis 10 hat X Sie gestresst? Notieren Sie die entsprechende Zahl im Kästchen und beschreiben Sie Ihre Reaktion darauf, Ihre Gefühle und/oder Handlungen.

1. . . . . ☐ Reaktion. . . . .

2. . . . . ☐ Reaktion. . . . .

3. . . . . ☐ Reaktion. . . . .

Notieren Sie hier etwas, das Sie morgen anders machen werden. Das kann auch eine Kleinigkeit sein! Hauptsache, Sie können es wirklich umsetzen.

Morgen werde ich . . . .

. . . .

. . . .

Tag 9 Stress

Datum: . . . .

1 = überhaupt nicht gestresst
10 = sehr gestresst

| 1 | 2 | 3 | 4 | 5 | 6 | 7 | 8 | 9 | 10 |

Wie sehr fühlen Sie sich heute gestresst?

Notieren Sie kurz, welche Personen, Ereignisse, Situationen den Stress ausgelöst haben.

Wie sehr von 1 bis 10 hat X Sie gestresst? Notieren Sie die entsprechende Zahl im Kästchen und beschreiben Sie Ihre Reaktion darauf, Ihre Gefühle und/oder Handlungen.

1. . . . . ☐ Reaktion. . . . .

2. . . . . ☐ Reaktion. . . . .

3. . . . . ☐ Reaktion. . . . .

Notieren Sie hier etwas, das Sie morgen anders machen werden. Das kann auch eine Kleinigkeit sein! Hauptsache, Sie können es wirklich umsetzen.

Morgen werde ich . . . .

. . . .

. . . .

Tag 10 Stress

Datum: . . . .

1 = überhaupt nicht gestresst
10 = sehr gestresst

| 1 | 2 | 3 | 4 | 5 | 6 | 7 | 8 | 9 | 10 |

Wie sehr fühlen Sie sich heute gestresst?

Notieren Sie kurz, welche Personen, Ereignisse, Situationen den Stress ausgelöst haben.

Wie sehr von 1 bis 10 hat X Sie gestresst? Notieren Sie die entsprechende Zahl im Kästchen und beschreiben Sie Ihre Reaktion darauf, Ihre Gefühle und/oder Handlungen.

1. . . . . □ Reaktion . . . .

2. . . . . □ Reaktion . . . .

3. . . . . □ Reaktion . . . .

Notieren Sie hier etwas, das Sie morgen anders machen werden. Das kann auch eine Kleinigkeit sein! Hauptsache, Sie können es wirklich umsetzen.

Morgen werde ich . . . .

. . . .

. . . .

Tag 11 Stress

Datum: . . . .

1 = überhaupt nicht gestresst
10 = sehr gestresst

| 1 | 2 | 3 | 4 | 5 | 6 | 7 | 8 | 9 | 10 |

Wie sehr fühlen Sie sich heute gestresst?

Notieren Sie kurz, welche Personen, Ereignisse, Situationen den Stress ausgelöst haben.

Wie sehr von 1 bis 10 hat X Sie gestresst? Notieren Sie die entsprechende Zahl im Kästchen und beschreiben Sie Ihre Reaktion darauf, Ihre Gefühle und/oder Handlungen.

1. . . . . ☐ Reaktion. . . . .

2. . . . . ☐ Reaktion. . . . .

3. . . . . ☐ Reaktion. . . . .

Notieren Sie hier etwas, das Sie morgen anders machen werden. Das kann auch eine Kleinigkeit sein! Hauptsache, Sie können es wirklich umsetzen.

Morgen werde ich . . . .

. . . .

. . . .

Tag 12 Stress

Datum: . . . .

1 = überhaupt nicht gestresst
10 = sehr gestresst

| 1 | 2 | 3 | 4 | 5 | 6 | 7 | 8 | 9 | 10 |

Wie sehr fühlen Sie sich heute gestresst?

Notieren Sie kurz, welche Personen, Ereignisse, Situationen den Stress ausgelöst haben.

Wie sehr von 1 bis 10 hat X Sie gestresst? Notieren Sie die entsprechende Zahl im Kästchen und beschreiben Sie Ihre Reaktion darauf, Ihre Gefühle und/oder Handlungen.

1. . . . . ☐ Reaktion. . . . .

2. . . . . ☐ Reaktion. . . . .

3. . . . . ☐ Reaktion. . . . .

Notieren Sie hier etwas, das Sie morgen anders machen werden. Das kann auch eine Kleinigkeit sein! Hauptsache, Sie können es wirklich umsetzen.

Morgen werde ich . . . .

. . . .

. . . .

Tag 13 Stress

Datum: . . . .

1 = überhaupt nicht gestresst
10 = sehr gestresst

_____

| 1 | 2 | 3 | 4 | 5 | 6 | 7 | 8 | 9 | 10 |

Wie sehr fühlen Sie sich heute gestresst?

_____

Notieren Sie kurz, welche Personen, Ereignisse, Situationen den Stress ausgelöst haben.

Wie sehr von 1 bis 10 hat X Sie gestresst? Notieren Sie die entsprechende Zahl im Kästchen und beschreiben Sie Ihre Reaktion darauf, Ihre Gefühle und/oder Handlungen.

1. . . . . ☐ Reaktion. . . . .

2. . . . . ☐ Reaktion. . . . .

3. . . . . ☐ Reaktion. . . . .

Notieren Sie hier etwas, das Sie morgen anders machen werden. Das kann auch eine Kleinigkeit sein! Hauptsache, Sie können es wirklich umsetzen.

Morgen werde ich . . . .

. . . .

. . . .

Tag 14 Stress

Datum: . . . .

1 = überhaupt nicht gestresst
10 = sehr gestresst

| 1 | 2 | 3 | 4 | 5 | 6 | 7 | 8 | 9 | 10 |

Wie sehr fühlen Sie sich heute gestresst?

Notieren Sie kurz, welche Personen, Ereignisse, Situationen den Stress ausgelöst haben.

Wie sehr von 1 bis 10 hat X Sie gestresst? Notieren Sie die entsprechende Zahl im Kästchen und beschreiben Sie Ihre Reaktion darauf, Ihre Gefühle und/oder Handlungen.

1. . . . . ☐ Reaktion. . . . .

2. . . . . ☐ Reaktion. . . . .

3. . . . . ☐ Reaktion. . . . .

Notieren Sie hier etwas, das Sie morgen anders machen werden. Das kann auch eine Kleinigkeit sein! Hauptsache, Sie können es wirklich umsetzen.

Morgen werde ich . . . .

. . . .

. . . .

Auswertung der zweiten Woche

Stress-Diagramm

Datum: . . . .

Übertragen Sie bitte Ihre Werte aus der letzten Woche in dieses Diagramm wie in dem Beispiel auf Seite 70.

Möchten Sie an dieser Stelle schon ein kleines Resümee ziehen?

Wenn Sie mögen, können Sie hier notieren, was sich in den letzten Tagen für Sie verändert hat. Denken Sie an den Moment, in dem Sie dieses Buch gekauft haben. Gibt es etwas, das Sie jetzt vielleicht anders wahrnehmen oder anders empfinden?

. . . .

. . . .

. . . .

Tag 8 Frust

Datum: . . . .

1 = überhaupt nicht frustriert
10 = sehr frustriert

| 1 | 2 | 3 | 4 | 5 | 6 | 7 | 8 | 9 | 10 |

Wie frustriert sind Sie heute?

Vervollständigen Sie mindestens einen der drei folgenden Sätze. Wählen Sie den, der Sie spontan anspricht:

1. Heute hat mich frustriert, dass . . . .

. . . .

2. . . . . hat mich heute frustriert, weil . . . . . .

. . . .

3. Manchmal bin ich frustriert, weil. . . . .

. . . .

Notieren Sie hier etwas, das Sie morgen anders machen werden. Das kann auch eine Kleinigkeit sein! Hauptsache, Sie können es wirklich umsetzen.

Morgen werde ich. . . . .

. . . .

. . . .

Tag 9 Frust

Datum: . . . .

1 = überhaupt nicht frustriert
10 = sehr frustriert

| 1 | 2 | 3 | 4 | 5 | 6 | 7 | 8 | 9 | 10 |

Wie frustriert sind Sie heute?

Vervollständigen Sie mindestens einen der drei folgenden Sätze. Wählen Sie den, der Sie spontan anspricht:

1. Heute hat mich frustriert, dass . . . .

. . . .

2. . . . . hat mich heute frustriert, weil . . . . . .

. . . .

3. Manchmal bin ich frustriert, weil . . . .

. . . .

Notieren Sie hier etwas, das Sie morgen anders machen werden. Das kann auch eine Kleinigkeit sein! Hauptsache, Sie können es wirklich umsetzen.

Morgen werde ich . . . .

. . . .

. . . .

Tag 10 Frust

Datum: . . . .

1 = überhaupt nicht frustriert
10 = sehr frustriert

| 1 | 2 | 3 | 4 | 5 | 6 | 7 | 8 | 9 | 10 |

Wie frustriert sind Sie heute?

Vervollständigen Sie mindestens einen der drei folgenden Sätze. Wählen Sie den, der Sie spontan anspricht:

1. Heute hat mich frustriert, dass . . . .
. . . .
2. . . . . hat mich heute frustriert, weil . . . . . .
. . . .
3. Manchmal bin ich frustriert, weil . . . .
. . . .

Notieren Sie hier etwas, das Sie morgen anders machen werden. Das kann auch eine Kleinigkeit sein! Hauptsache, Sie können es wirklich umsetzen.

Morgen werde ich . . . .
. . . .
. . . .

Tag 11 Frust

Datum: . . . .

1 = überhaupt nicht frustriert
10 = sehr frustriert

1	2	3	4	5	6	7	8	9	10

Wie frustriert sind Sie heute?

Vervollständigen Sie mindestens einen der drei folgenden Sätze. Wählen Sie den, der Sie spontan anspricht:

1. Heute hat mich frustriert, dass . . . .

. . . .

2. . . . . hat mich heute frustriert, weil . . . . . .

. . . .

3. Manchmal bin ich frustriert, weil . . . .

. . . .

Notieren Sie hier etwas, das Sie morgen anders machen werden. Das kann auch eine Kleinigkeit sein! Hauptsache, Sie können es wirklich umsetzen.

Morgen werde ich . . . .

. . . .

. . . .

Tag 12 Frust

Datum: . . . .

1 = überhaupt nicht frustriert
10 = sehr frustriert

| 1 | 2 | 3 | 4 | 5 | 6 | 7 | 8 | 9 | 10 |

Wie frustriert sind Sie heute?

Vervollständigen Sie mindestens einen der drei folgenden Sätze. Wählen Sie den, der Sie spontan anspricht:

1. Heute hat mich frustriert, dass . . . .

. . . .

2. . . . . hat mich heute frustriert, weil . . . . . .

. . . .

3. Manchmal bin ich frustriert, weil. . . . .

. . . .

Notieren Sie hier etwas, das Sie morgen anders machen werden. Das kann auch eine Kleinigkeit sein! Hauptsache, Sie können es wirklich umsetzen.

Morgen werde ich . . . .

. . . .

. . . .

Tag 13 Frust

Datum: . . . .

1 = überhaupt nicht frustriert
10 = sehr frustriert

1	2	3	4	5	6	7	8	9	10

Wie frustriert sind Sie heute?

Vervollständigen Sie mindestens einen der drei folgenden Sätze. Wählen Sie den, der Sie spontan anspricht:

1. Heute hat mich frustriert, dass . . . .

. . . .

2. . . . . hat mich heute frustriert, weil . . . . . .

. . . .

3. Manchmal bin ich frustriert, weil. . . . .

. . . .

Notieren Sie hier etwas, das Sie morgen anders machen werden. Das kann auch eine Kleinigkeit sein! Hauptsache, Sie können es wirklich umsetzen.

Morgen werde ich . . . .

. . . .

. . . .

Tag 14 Frust

Datum: . . . .

1 = überhaupt nicht frustriert
10 = sehr frustriert

| 1 | 2 | 3 | 4 | 5 | 6 | 7 | 8 | 9 | 10 |

Wie frustriert sind Sie heute?

Vervollständigen Sie mindestens einen der drei folgenden Sätze. Wählen Sie den, der Sie spontan anspricht:

1. Heute hat mich frustriert, dass . . . .

. . . .

2. . . . . hat mich heute frustriert, weil . . . . . .

. . . .

3. Manchmal bin ich frustriert, weil. . . . .

. . . .

Notieren Sie hier etwas, das Sie morgen anders machen werden. Das kann auch eine Kleinigkeit sein! Hauptsache, Sie können es wirklich umsetzen.

Morgen werde ich. . . . .

. . . .

. . . .

Auswertung der zweiten Woche

Frust-Diagramm

Datum: . . . .

Übertragen Sie bitte Ihre Werte aus der letzten Woche in dieses Diagramm wie in dem Beispiel auf Seite 70.

Möchten Sie an dieser Stelle schon ein kleines Resümee ziehen?

Wenn Sie mögen, können Sie hier notieren, was sich in den letzten Tagen für Sie verändert hat. Denken Sie an den Moment, in dem Sie dieses Buch gekauft haben. Gibt es etwas, das Sie jetzt vielleicht anders wahrnehmen oder anders empfinden?

. . . .

. . . .

. . . .

Tag 8 Wut

Datum: . . . .

1 = überhaupt nicht wütend
10 = sehr wütend

1	2	3	4	5	6	7	8	9	10

Wie wütend sind Sie heute?

Notieren Sie kurz, welche Personen, Ereignisse, Situationen Ihre Wut ausgelöst haben. Wie sehr von 1 bis 10 hat X Sie wütend gemacht? Notieren Sie die entsprechende Zahl im Kästchen und beschreiben Sie Ihre Reaktion darauf, Ihre Gefühle und/oder Handlungen.

1. . . . . ☐ Reaktion. . . . .

2. . . . . ☐ Reaktion. . . . .

3. . . . . ☐ Reaktion. . . . .

Notieren Sie hier etwas, das Sie morgen anders machen werden. Das kann auch eine Kleinigkeit sein! Hauptsache, Sie können es wirklich umsetzen.

Morgen werde ich . . . .

. . . .

. . . .

Tag 9 Wut

Datum: . . . .

1 = überhaupt nicht wütend
10 = sehr wütend

1	2	3	4	5	6	7	8	9	10

Wie wütend sind Sie heute?

Notieren Sie kurz, welche Personen, Ereignisse, Situationen Ihre Wut ausgelöst haben. Wie sehr von 1 bis 10 hat X Sie wütend gemacht? Notieren Sie die entsprechende Zahl im Kästchen und beschreiben Sie Ihre Reaktion darauf, Ihre Gefühle und/oder Handlungen.

1. . . . . ☐ Reaktion. . . . .

2. . . . . ☐ Reaktion. . . . .

3. . . . . ☐ Reaktion. . . . .

Notieren Sie hier etwas, das Sie morgen anders machen werden. Das kann auch eine Kleinigkeit sein! Hauptsache, Sie können es wirklich umsetzen.

Morgen werde ich . . . .

. . . .

. . . .

Tag 10 Wut

Datum: . . . .

1 = überhaupt nicht wütend
10 = sehr wütend

| 1 | 2 | 3 | 4 | 5 | 6 | 7 | 8 | 9 | 10 |

Wie wütend sind Sie heute?

Notieren Sie kurz, welche Personen, Ereignisse, Situationen Ihre Wut ausgelöst haben. Wie sehr von 1 bis 10 hat X Sie wütend gemacht? Notieren Sie die entsprechende Zahl im Kästchen und beschreiben Sie Ihre Reaktion darauf, Ihre Gefühle und/oder Handlungen.

1. . . . . ☐ Reaktion. . . . .

2. . . . . ☐ Reaktion. . . . .

3. . . . . ☐ Reaktion. . . . .

Notieren Sie hier etwas, das Sie morgen anders machen werden. Das kann auch eine Kleinigkeit sein! Hauptsache, Sie können es wirklich umsetzen.

Morgen werde ich . . . .

. . . .

. . . .

Tag 11 Wut

Datum: . . . .

1 = überhaupt nicht wütend
10 = sehr wütend

| 1 | 2 | 3 | 4 | 5 | 6 | 7 | 8 | 9 | 10 |

Wie wütend sind Sie heute?

Notieren Sie kurz, welche Personen, Ereignisse, Situationen Ihre Wut ausgelöst haben. Wie sehr von 1 bis 10 hat X Sie wütend gemacht? Notieren Sie die entsprechende Zahl im Kästchen und beschreiben Sie Ihre Reaktion darauf, Ihre Gefühle und/oder Handlungen.

1. . . . . ☐ Reaktion. . . . .

2. . . . . ☐ Reaktion. . . . .

3. . . . . ☐ Reaktion. . . . .

Notieren Sie hier etwas, das Sie morgen anders machen werden. Das kann auch eine Kleinigkeit sein! Hauptsache, Sie können es wirklich umsetzen.

Morgen werde ich . . . .

. . . .

. . . .

Tag 12 Wut

Datum: . . . .

1 = überhaupt nicht wütend
10 = sehr wütend

1	2	3	4	5	6	7	8	9	10

Wie wütend sind Sie heute?

Notieren Sie kurz, welche Personen, Ereignisse, Situationen Ihre Wut ausgelöst haben. Wie sehr von 1 bis 10 hat X Sie wütend gemacht? Notieren Sie die entsprechende Zahl im Kästchen und beschreiben Sie Ihre Reaktion darauf, Ihre Gefühle und/oder Handlungen.

1. . . . . ☐ Reaktion. . . . .

2. . . . . ☐ Reaktion. . . . .

3. . . . . ☐ Reaktion. . . . .

Notieren Sie hier etwas, das Sie morgen anders machen werden. Das kann auch eine Kleinigkeit sein! Hauptsache, Sie können es wirklich umsetzen.

Morgen werde ich . . . .

. . . .

. . . .

Tag 13 Wut

Datum: . . . .

1 = überhaupt nicht wütend
10 = sehr wütend

| 1 | 2 | 3 | 4 | 5 | 6 | 7 | 8 | 9 | 10 |

Wie wütend sind Sie heute?

Notieren Sie kurz, welche Personen, Ereignisse, Situationen Ihre Wut ausgelöst haben. Wie sehr von 1 bis 10 hat X Sie wütend gemacht? Notieren Sie die entsprechende Zahl im Kästchen und beschreiben Sie Ihre Reaktion darauf, Ihre Gefühle und/oder Handlungen.

1. . . . . ☐ Reaktion. . . . .

2. . . . . ☐ Reaktion. . . . .

3. . . . . ☐ Reaktion. . . . .

Notieren Sie hier etwas, das Sie morgen anders machen werden. Das kann auch eine Kleinigkeit sein! Hauptsache, Sie können es wirklich umsetzen.

Morgen werde ich . . . .
. . . .
. . . .

Tag 14 Wut

Datum: . . . .

1 = überhaupt nicht wütend
10 = sehr wütend

| 1 | 2 | 3 | 4 | 5 | 6 | 7 | 8 | 9 | 10 |

Wie wütend sind Sie heute?

Notieren Sie kurz, welche Personen, Ereignisse, Situationen Ihre Wut ausgelöst haben. Wie sehr von 1 bis 10 hat X Sie wütend gemacht? Notieren Sie die entsprechende Zahl im Kästchen und beschreiben Sie Ihre Reaktion darauf, Ihre Gefühle und/oder Handlungen.

1. . . . . ☐ Reaktion . . . .

2. . . . . ☐ Reaktion . . . .

3. . . . . ☐ Reaktion . . . .

Notieren Sie hier etwas, das Sie morgen anders machen werden. Das kann auch eine Kleinigkeit sein! Hauptsache, Sie können es wirklich umsetzen.

Morgen werde ich . . . .

. . . .

. . . .

Auswertung der zweiten Woche

Wut-Diagramm

Datum: . . . .

Übertragen Sie bitte Ihre Werte aus der letzten Woche in dieses Diagramm wie in dem Beispiel auf Seite 70.

wie in dem Beispiel auf Seite 70.

```
10
 9
 8
 7
 6
 5
 4                                          Durchschnitt
 3                                          Wut
 2
 1
Tage
      T 1  +  T 2  +  T 3  +  T 4  +  T 5  +  T 6  +  T 7 : 7 =
```

Möchten Sie an dieser Stelle schon ein kleines Resümee ziehen?

Wenn Sie mögen, können Sie hier notieren, was sich in den letzten Tagen für Sie verändert hat. Denken Sie an den Moment, in dem Sie dieses Buch gekauft haben. Gibt es etwas, das Sie jetzt vielleicht anders wahrnehmen oder anders empfinden?

. . . .

. . . .

. . . .

Ergebnis der zweiten Woche

Datum: . . . .

Übertragen Sie bitte folgende Durchschnittswerte in die
Kästchen:

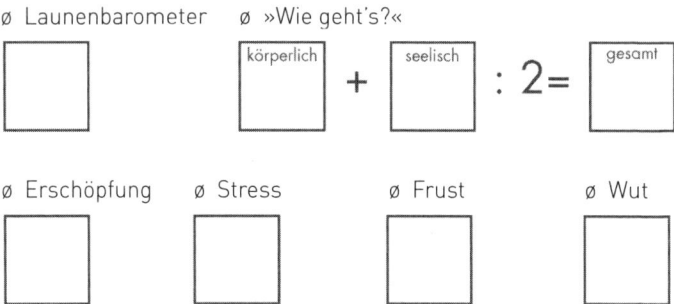

ø Launenbarometer   ø »Wie geht's?«

körperlich   +   seelisch   : 2=   gesamt

ø Erschöpfung   ø Stress   ø Frust   ø Wut

Werfen Sie jetzt einen Blick auf Ihre Launenbarometer
der letzten Woche (ab Seite 81): Welche Personen, Ereignisse, Situationen haben Ihnen in den letzten Tagen
gute Laune/ein gutes Gefühl bereitet?

Notieren Sie drei davon, die Sie nächste Woche gut aktivieren können.

Wichtig: Planen Sie diese drei jetzt fest in Ihren Terminkalender ein! Falls es sich zum Beispiel um Personen
handelt, können Sie sich jetzt sofort mit ihnen verabreden. Diese Menschen freuen sich sicher zu hören, dass sie
erheblich zur Steigerung Ihres Wohlbefindens beigetragen haben!

1. . . . .
. . . .
. . . .
. . . .
. . . .
. . . .
. . . .
2. . . . .
. . . .
. . . .
. . . .
. . . .
. . . .
. . . .
3. . . . .
. . . .
. . . .
. . . .
. . . .
. . . .
. . . .
. . . .

Vergleich der ersten und der zweiten Woche

Bevor Sie nun zur Gesamtauswertung der beiden Wochen kommen, bitte ich Sie, noch einen kurzen Blick auf die vergangenen zwei Wochen zu werfen. Sie haben sich in dieser Zeit aufmerksam beobachtet, so aufmerksam wie vielleicht noch nie. Nutzen Sie diese Beobachtungen jetzt, um auch die kleinsten Veränderungen festzuhalten. Nehmen Sie sich diesen Moment Zeit, machen Sie sich bewusst, was sich verändert hat – was Sie alles verändert haben!

Was hat in der zweiten Woche besser funktioniert? Was haben Sie da anders gemacht?

. . . .

. . . .

. . . .

Woran hat Ihr Umfeld das bemerkt?

. . . .

. . . .

. . . .

Wofür möchten Sie sich gern loben?

. . . .

. . . .

. . . .

Gesamtergebnis: Allgemeine Gefühle

Übertragen Sie bitte die Durchschnittswerte aus beiden Wochen in folgende Kästchen:

ø Launenbarometer

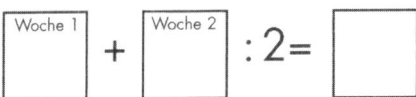

ø »Wie geht's?«

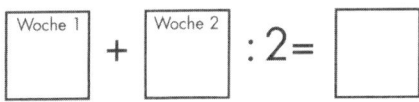

A Haben Sie Ihren Wunschwert erreicht? (siehe Start-formular auf Seite xx)   ja/fast/nein

B Was hat gut funktioniert?

. . . .

. . . .

. . . .

C Was hat nicht gut funktioniert?

. . . .

. . . .

. . . .

Gesamtergebnis: Spezielle Gefühle

Bitte übertragen Sie die Durchschnittswerte Ihres Hauptgefühls/Ihrer Hauptgefühle aus Woche 1 (S. 77) und Woche 2 (S. 130) in die entsprechenden Kästchen.

ø Erschöpfung

Woche 1 [ ] + Woche 2 [ ] : 2 = [ ]

Haben Sie Ihren Wunschwert erreicht? (siehe Startformular auf Seite 56) ja/fast/nein

Bei ja/fast: Was haben Sie dafür getan, Ihren Wunschwert (fast) zu erreichen?

. . . .

. . . .

. . . .

Bei nein: Was können Sie in Zukunft anders machen, um ihn zu erreichen?

. . . .

. . . .

. . . .

ø Stress

Woche 1 + Woche 2 : 2 = [ ]

Haben Sie Ihren Wunschwert erreicht? (siehe Startformular auf Seite 56)   ja/fast/nein

Bei ja/fast: Was haben Sie dafür getan, Ihren Wunschwert (fast) zu erreichen?

. . . .

. . . .

. . . .

Bei nein: Was können Sie in Zukunft anders machen, um ihn zu erreichen?

. . . .

. . . .

. . . .

ø Frust

$$\boxed{\text{Woche 1}} + \boxed{\text{Woche 2}} : 2 = \boxed{}$$

Haben Sie Ihren Wunschwert erreicht? (siehe Startformular auf Seite 57)   ja/fast/nein

Bei ja/fast: Was haben Sie dafür getan, Ihren Wunschwert (fast) zu erreichen?

. . . .

. . . .

. . . .

Bei nein: Was können Sie in Zukunft anders machen, um ihn zu erreichen?

. . . .

. . . .

. . . .

ø Wut

$$\boxed{\text{Woche 1}} + \boxed{\text{Woche 2}} : 2 = \boxed{}$$

Haben Sie Ihren Wunschwert erreicht? (siehe Startformular auf Seite 57)   ja/fast/nein

Bei ja/fast: Was haben Sie dafür getan, Ihren Wunschwert (fast) zu erreichen?

. . . .

. . . .

. . . .

Bei nein: Was können Sie in Zukunft anders machen, um ihn zu erreichen?

. . . .

. . . .

. . . .

Übung

(Dauer: 5 Minuten)
Datum: . . . .

Neulich sagte ein Klient zu mir: »Es ist aber auch stressig gerade!« Immer wieder höre ich das: »Es ist anstrengend, es ist frustrierend, es ist zum Verrücktwerden …«

Ist es wirklich so? Ja, manchmal ist es so. Es könnte aber auch sein, dass mein Klient gerade total gestresst ist/sich selbst gerade total stresst/sich von anderen stressen lässt, und das auf die Situation (den dummen Chef, die blöden Kunden, die dämlichen Kollegen usw.) abwälzt. Sicher tut er das unbewusst. Vielleicht weiß er einfach nicht, wie er es ändern soll, und nimmt den Missstand »Stress« als kleineres Übel in Kauf. Fakt ist: Solange wir es vorschieben, kommen wir nicht zu uns. Solange mein Klient sagt: »Es ist stressig«, wird er keine Verantwortung für seine Situation übernehmen, also nichts dagegen tun, und es wird weiter stressig sein. Sagt er aber: »Ich bin gestresst«, oder: »Ich lasse mich (von X) stressen«, wird er spüren, dass er etwas verändern möchte oder sogar muss. In diesem Sinne bitte ich Sie jetzt, folgende Übung durchzuführen. Als Basis dient Ihre Auswertung: Bei welchem Gefühl/welchen Gefühlen haben Sie die höchste Punktzahl erreicht? Ist das zum Beispiel »Erschöpfung«, dann sprechen Sie den ersten Satz einmal laut.

Vergewissern Sie sich, dass Sie allein oder zumindest ungestört sind. Stellen Sie sich vor einen Spiegel, und sagen Sie laut zu sich:

»Ich bin wirklich sehr erschöpft!«

»Ich bin wirklich sehr gestresst!«

»Ich bin wirklich sehr frustriert!«

»Ich bin wirklich sehr wütend!«

Wiederholen Sie den Satz/die Sätze am besten so lange, bis Sie das Gefühl richtig spüren können. Lassen Sie Ihren Gefühlen freien Lauf. Brüllen Sie, heulen Sie, stampfen Sie mit dem Fuß auf – tun Sie alles, was Sie sich selbst (und Ihre Nachbarn Ihnen) erlauben.

Nehmen Sie bewusst wahr, wie es Ihnen danach geht. Besser? Schlechter? Was ist jetzt anders? Versuchen Sie, dabei auch die kleinste Kleinigkeit zu registrieren.

Abschlussritual

Datum: . . . .

Wenn Sie mögen, können Sie nun Ihre Gefühlsinventur mit einem Ritual abschließen. Bedanken Sie sich für die schöne Zeit mit sich selbst und schenken Sie sich noch einmal die schönsten und wichtigsten Gedanken aus den beiden Wochen. Alles, was Sie dafür brauchen, sind mehrere Zettel, Stifte, Geschenkpapier, Geschenkband und 30 Minuten Zeit.

GeDANKEnpäckchen

1. Suchen Sie sich wie immer ein schönes Plätzchen (vielleicht eines, das Ihnen in den letzten Wochen besonders ans Herz gewachsen ist, eines, an dem Sie Ihre besten oder intensivsten Gefühlserlebnisse hatten) und machen Sie es sich gemütlich. Lassen Sie in Gedanken die letzten Wochen Revue passieren: Was nehmen Sie aus dieser Zeit mit? Was war besonders schön? Was war für Sie die wichtigste Erkenntnis? Was hat Sie am meisten berührt?

2. Notieren Sie jeden Gedanken einzeln auf jeweils einem Zettel und verpacken Sie diesen »Gedankenzettel« anschließend hübsch.

3. Finden Sie einen Ort für Ihre Gedankenzettel, an dem die Päckchen gut sichtbar sind und an dem Sie häufiger

am Tag vorbeikommen: Sie können sie zum Beispiel in eine durchsichtige Schüssel oder Vase legen oder die Zettel an ein langes Band binden und aufhängen. Vielleicht haben Sie noch eine andere Idee …?

. . . .

. . . .

. . . .

. . . .

. . . .

. . . .

. . . .

. . . .

. . . .

. . . .

. . . .

. . . .

. . . .

. . . .

. . . .

. . . .

. . . .

. . . .

2. Teil

Wie es weitergeht

Haben Sie Lust, noch ein bisschen weiterzumachen? In diesem Kapitel finden Sie dazu verschiedene Möglichkeiten:

Von Zahlen zu Handlungen

Den ersten Schritt haben Sie bereits getan: Sie waren zwei Wochen lang achtsam Ihren Gefühlen gegenüber. Den zweiten Schritt haben Sie vielleicht auch schon getan – Sie haben Ihr Gefühl anerkannt, es als zu Ihnen gehörend akzeptiert. Sie haben damit begonnen, Verantwortung für Ihre Gefühle zu übernehmen. Zu dieser inneren Haltung sind jetzt noch konkrete Handlungsschritte nötig. Außerdem brauchen Sie noch Zuversicht, Motivation und Energie – wie sieht es damit aus?

1	2	3	4	5	6	7	8	9	10

Wie groß ist meine Zuversicht, dass ich mein Ziel erreichen werde?
10 = Ich bin absolut sicher / 1 = Ich sehe keine Chance

1	2	3	4	5	6	7	8	9	10

Wie groß ist meine Motivation, mein Ziel zu erreichen?
10 = Ich bin bereit, alles zu tun / 1 = Ich sitze hier und warte

Wie groß ist meine Energie?
10 = Ich bin energiegeladen / 1 = Ich bin erschöpft

Wenn Sie bei allen drei Skalen hohe Werte haben, dann kann es losgehen. Notieren Sie auf Seite 147 Ihre nächsten Schritte. Liegen Ihre Werte eher in der Mitte oder sogar darunter, dann sind Sie vielleicht noch nicht bereit. Gönnen Sie sich eine Pause und stellen Sie sich diese Fragen in ein paar Tagen noch einmal.

Oft hilft es bereits, sich die nächsten Schritte klarzumachen. Vielleicht spüren Sie aber auch, dass gerade ein Prozess in Gang gesetzt wurde, den Sie alleine nicht bewältigen können. Dann ist es sinnvoll, einen Coach oder einen Therapeuten hinzuzuziehen. Dieser kann auf der Basis Ihrer Vorarbeit sehr gut gemeinsam mit Ihnen an Ihren Zielen arbeiten.

Meine nächsten Schritte

Datum: . . . .

Notieren Sie bitte hier Ihre nächsten konkreten Schritte, um in Zukunft weniger erschöpft/gestresst etc. zu sein. Überfordern Sie sich dabei nicht! Die kleinsten Veränderungsschritte sind hilfreich! Tipp: Lesen Sie dazu nochmals Ihre Notizen aus der Gefühlsinventur – Sie hatten dazu schon viele Ideen!

. . . .

. . . .

. . . .

. . . .

. . . .

. . . .

. . . .

. . . .

. . . .

. . . .

. . . .

. . . .

Sie wissen jetzt, was Sie konkret tun können, um Ihr Verhalten in Zukunft zu ändern. Suchen Sie sich eine Sache aus, mit der Sie beginnen möchten.

Veränderung beginnt mit Veränderung!

Beginnen Sie deshalb damit, Ihren gewohnten Tagesablauf zu verändern. Das kann alles Mögliche bedeuten:

Sie können früher aufstehen und Sport machen oder abends ins Fitness-Studio gehen.

Sie können 1 Mal pro Woche in ein Konzert, ins Theater oder ins Kino gehen.

Oder …

Wichtig ist, dass Sie es regelmäßig und immer zur gleichen Zeit tun, dass Sie also Termine mit sich selbst machen.

Darüber hinaus sollten Sie Ihrem Ich täglich eine halbe Stunde Zeit widmen.

Sie können in dieser Zeit einfach nur über sich nachdenken. Sie können weitere Übungen aus diesem Buch machen. Oder ein »Veränderungs-Tagebuch« führen, in dem Sie aufschreiben, was gut funktioniert und was weniger gut. Auch hier gilt: regelmäßig und immer zur gleichen Zeit.

Sind Sie bereit für eine Veränderung?

Dann holen Sie jetzt einmal tief Luft und füllen den Vertrag auf der nächsten Seite aus.

Mein Veränderungsvertrag

Datum: ....

Hiermit erkläre ich verbindlich ab sofort für die Dauer von drei Monaten:

Ich werde mich täglich eine halbe Stunde mit meinem Ich beschäftigen. Ich werde (zum Beispiel Tagebuch schreiben, meditieren)

....

Um meinen Veränderungsprozess zu unterstützen, werde ich zusätzlich (Wählen Sie mindestens einen Punkt, aber nicht zu viele auf einmal!):

☐ täglich eine halbe Stunde früher aufstehen und gleich nach dem Aufstehen 30 Minuten Sport machen, und zwar folgenden:

....

☐ täglich eine halbe Stunde Entspannungsübungen machen, oder mich einfach nur entspannt hinsetzen, ohne etwas zu tun. Uhrzeit:

....

☐ 1 x pro Woche Sport machen, und zwar folgenden: (Tag jeweils umkringeln):

.... , jeden Mo Di Mi Do Fr Sa So

☐ 1 x pro Woche etwas mit meinem Partner unternehmen, und zwar Folgendes:

. . . .

. . . .

. . . . , jeden Mo Di Mi Do Fr Sa So

☐ 1 x pro Woche etwas mit Freunden unternehmen, und zwar Folgendes:

. . . .

. . . .

. . . . , jeden Mo Di Mi Do Fr Sa So

_____

Datum, Unterschrift

_____

Datum, Unterschrift eines Zeugen

Weiterführende Formulare

Erschöpfung: Das Pausenprotokoll

Unser Körper braucht Pausen, um sich zu regenerieren. Je mehr und je regelmäßiger Sie ihm diese Pausen gönnen, desto besser wird es Ihnen gehen und desto erfolgreicher werden Ihre Maßnahmen sein. Einen trockenen Schwamm kann man schließlich nicht auspressen!

Unser Körper ermüdet nach etwa 1,5 Stunden. Wenn Sie einmal darauf achten, werden Sie überrascht sein, wie genau er diese Zeit einhält! In der Regel trinken wir dann Kaffee, oder laufen herum, telefonieren, mailen ... Bei diesen Tätigkeiten regenerieren wir aber nicht – auch wenn wir sie als willkommene Pause empfinden –, im Gegenteil!

Nach einer (Hoch-)Leistungsphase von 1,5 Stunden können wir unsere Batterien wieder aufladen, indem wir 20 Minuten ruhen. Sie werden schnell feststellen, dass Sie danach viel fitter sind und tolle Ideen haben!

Überstürzen Sie nichts! Beginnen Sie mit einer Pause täglich. Wenn Sie sehr erschöpft sind, dann bauen Sie gleich zwei Pausen pro Tag ein. Danach steigern Sie die »Dosis« nach Lust, Laune und Bedürfnis. Achten Sie darauf, die Pausen gut mit Ihrem Alltag in Einklang zu bringen!

Wann auch immer Sie pausieren, gelten folgende fünf Regeln:

1. Jede Pause dauert 20 Minuten.

2. Vermeiden Sie Reize von außen: Stöpseln Sie Ihr Telefon aus und machen Sie Ihren Partner/Ihre Familie darauf aufmerksam, dass Sie nicht gestört werden möchten.

3. Setzen oder legen Sie sich bequem hin und schließen Sie – wenn Sie mögen – die Augen.

4. Lassen Sie Ihre Gedanken kommen und entspannen Sie sich. Setzen Sie sich nicht unter Druck – bald werden Sie Ihre Pause genießen!

5. Protokoll führen
Auf den nächsten Seiten finden Sie Pausenprotokoll-Formulare. Unter »Notizen« tragen Sie bitte ein, was Ihnen aufgefallen ist, welche körperlichen Symptome und welche Gefühle Sie hatten, woran Sie gedacht haben, wie Sie sich danach gefühlt haben. Fassen Sie am Ende einer Woche Ihre Bemerkungen in dem Formular »Auswertung Pausenprotokolle« zusammen.

Pausenprotokoll für die Woche
vom . . . . bis . . . .

Datum, Uhrzeit, Dauer	Notizen
. . . . Minuten	
. . . . Minuten	
. . . . Minuten	
. . . . Minuten	
. . . . Minuten	
. . . . Minuten	
. . . . Minuten	

Auswertung der Pausenprotokolle

Spontan:

| 1 | 2 | 3 | 4 | 5 | 6 | 7 | 8 | 9 | 10 |

Tun Ihnen die Pausen gut? (1 = nicht gut / 10 = sehr gut)

Falls sich durch die Pausen etwas verändert hat, dann notieren Sie hier bitte drei Dinge, die jetzt anders sind. Das können auch ganz kleine Veränderungen sein!

1 . . . .

. . . .

2 . . . .

. . . .

3 . . . .

. . . .

| 1 | 2 | 3 | 4 | 5 | 6 | 7 | 8 | 9 | 10 |

Wie groß ist die Wahrscheinlichkeit, dass Sie auch in der kommenden Woche wieder Pausen machen werden?

Stress: Stresskreis

Datum: . . . .

Gruppieren Sie Ihre Stressoren – Namen von Personen, Tätigkeiten, Aufgaben, Gedanken – um die Kreismitte herum. Je stressiger Sie etwas empfinden, desto näher schreiben Sie es zur Kreismitte. Nutzen Sie die drei Segmente, um zu unterscheiden:

1. Kreis = stresst mich total
2. Kreis = stresst mich sehr
3. Kreis = stresst mich

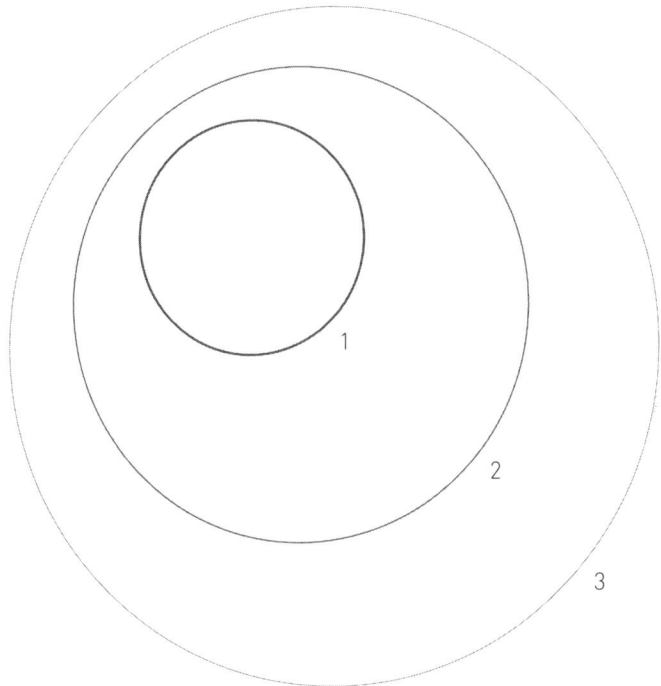

Wählen Sie anschließend eine Sache aus dem kleinsten Kreis aus, die Sie morgen zuerst angehen, und setzen Sie sich einen Termin. Verfahren Sie mit den anderen Sachen genauso – immer vom innersten Kreis ausgehend – und dezimieren Sie so Tag für Tag Ihre Stressoren. Belohnen Sie sich für jede Sache, die Sie (weg-)geschafft haben!

Frust: Das Gute am Frust

Datum: . . . .

Wenn uns etwas frustriert, dann deshalb, weil wir uns daran gehindert fühlen, etwas zu tun, das wir gern tun würden. Etwas Gutes in uns kommt nicht zum Zuge! Zum Beispiel: A stellt seinen Kollegen begeistert eine neue Idee vor. Die Reaktion ist verhalten, und A ist frustriert, fühlt sich unverstanden und ausgebremst. Der Teil, der in A hier nicht zum Zuge kam, war seine Lust am Neuen, an der Veränderung.

Stellen Sie sich Situationen vor, in denen Sie sehr frustriert waren oder die Sie immer wieder frustrieren, und vervollständigen Sie folgende Sätze – soweit Sie mögen:

Es frustriert mich, wenn . . . .
. . . .
Es frustriert mich, wenn . . . .
. . . .
frustriert mich, weil . . . .
. . . .
frustriert mich, weil . . . .
Manchmal bin ich frustriert, weil . . . .
. . . .
Manchmal bin ich frustriert, weil . . . .
. . . .

Haben Sie eine Idee, welcher Teil von Ihnen nicht zum Zuge kommt, wenn Sie sich frustriert fühlen?

. . . .

. . . .

. . . .

. . . .

. . . .

. . . .

. . . .

. . . .

. . . .

Gibt es Verbindungen unter den Sätzen oder wiederkehrende Muster? Gibt es einen gemeinsamen Frust-Nenner?

. . . .

. . . .

. . . .

. . . .

. . . .

. . . .

. . . .

. . . .

. . . .

Wenn ich frustriert bin, dann werde ich daran gehindert

. . . .

. . . .

. . . .

. . . .

. . . .

. . . . zu tun.

Wenn ich frustriert bin, dann würde ich eigentlich gern

. . . .

. . . .

. . . .

. . . .

. . . .

. . . .

Wann immer Sie etwas in Zukunft frustriert, denken Sie an diese Zeilen. Machen Sie sich bewusst, was sie eigentlich erreichen wollten, an was Sie gehindert wurden. Sorgen Sie dafür, dass der Teil in Ihnen, der etwas Gutes will, mehr Raum und Anerkennung bekommt.

Sprechen Sie darüber mit all jenen, die Ihnen Frust verursachen. Machen Sie sie darauf aufmerksam, was Sie Gutes erreichen wollten. Oft bemerken andere das nämlich gar nicht!

Wut: Hallo Wut!

Datum: . . . .

Damit Sie sich selbst in Ihrer Wut besser verstehen, lohnt ein sehr genauer Blick auf die jeweiligen Wut-Situationen. Den ersten Schritt dafür haben Sie mit der Gefühlsinventur getan. Sie sind Ihrer Wut gegenüber achtsam geworden. Hier folgt ein zweiter Schritt, mit dem Sie Ihre Wut noch besser kennen lernen können. Denn: Was Sie sich selbst erklären können, können Sie auch anderen erklären!

An dieser Stelle muss ich ein bisschen ausführen: Woher kommt Wut?

Ärger und Wut entstehen aus konkreten Handlungen des anderen heraus, die als Angriff auf die eigene Person erlebt werden. Unsere aggressive Kampfhaltung ist ein Schutz. Sie soll dem anderen Einhalt gebieten: »Verletz mich bloß nicht!«

Auf diese Weise eskaliert die Kommunikation, und nicht selten sind am Ende alle Beteiligten verletzt. Ärger steigert sich häufig zur Wut, wenn wir gestresst sind.

Wut ist ein sekundäres Gefühl, das ein anderes (primäres) Gefühl ersetzt, weil jenes gerade nicht zum Ausdruck kommen kann. So sind wir eben oft wütend, wenn wir eigentlich sehr verletzt sind. Dies kommt dann aber leider nicht zum Ausdruck, und so reagiert Ihr Gegenüber auf Ihre Wut und nicht auf Ihre Verletzung. Folge: Sie fühlen sich noch unverstandener als vorher. Folgende Wut-Übung wird Ihnen dabei helfen, Ihre Wut einmal anders zu betrachten.

Übung

1. Beschreiben Sie eine Situation, in der Sie furchtbar wütend wurden. Beschreiben Sie sie so genau, dass jemand die Szene verfilmen könnte – also mit Orts- und Zeitangaben, beteiligten Personen und Handlung und »Regieanweisungen«. Beispiel:

Gestern Abend um 22 Uhr saß ich mit meinem Mann auf dem Sofa im Wohnzimmer. Er hatte seinen Laptop auf den Knien und tippte. Ich wollte etwas mit ihm besprechen und fragte ihn, wie lange er noch arbeiten müsse. Er sagte genervt: »Jaja, ich weiß, aber irgendjemand muss die Familie ja ernähren.« Ich wurde wütend und sagte laut: »Und ich? Ich tue wohl nichts für die Familie?« Er ignorierte das und sagte leise: »Ich muss das eben noch fertig machen, keine Ahnung, wie lange das dauert.« Ich wurde noch wütender, weil er nicht auf meine Frage geantwortet hatte: »Ich leiste hier genauso meinen Beitrag wie du!« Darauf er, wieder total genervt: »Ist ja gut, ich beeil' mich.«

Bitte beschreiben Sie nun Ihre eigene Situation ebenso ausführlich auf einem extra Blatt.

2. Beschreiben Sie nun ebenso Ihre Reaktion.

. . . .

. . . .

. . . .

3. Beschreiben Sie die Reaktion des/der anderen.

. . . .

. . . .

. . . .

4. Notieren Sie Ihre Gefühle während der Situation. (Sie
   können dafür das Gefühlsglossar auf Seite 19 zu Hilfe
   nehmen).

. . . .

. . . .

. . . .

5. Wogegen haben Sie sich möglicherweise geschützt, als
   Sie wütend wurden?

. . . .

. . . .

. . . .

6. Was hat Sie möglicherweise verletzt?

. . . .

. . . .

. . . .

7. Was könnte dabei Ihr primäres Gefühl gewesen sein?
   (Gefühlsglossar!)

. . . .

. . . .

. . . .

Stellen Sie sich vor, Sie stünden jetzt kurz vor der von
Ihnen beschriebenen Situation. Was würden Sie jetzt an-
ders machen? (Tipp: Statt dem anderen Vorwürfe zu ma-
chen, formulieren Sie so genannte »Ich-Botschaften«.
Also nicht: »Du arbeitest immer so lange!« Sondern:
»Ich würde mir wünschen, dass du heute Abend noch
Zeit für mich hast, ich möchte sehr gern noch in Ruhe
über XY mit dir sprechen.«)

1. . . . .

. . . .

2. . . . .

. . . .

3. . . . .

. . . .

Noch ein Tipp: Auf Seite 175 finden Sie ein Tool, mit
dem Sie lernen, Ihre Anliegen zukünftig nicht mehr wütend zu formulieren.

Einige Selbstcoaching-Tools

Was ist Coaching eigentlich? Es gibt unzählige Methoden und Schulen – und genauso viele Erklärungen. Ich bin von ganzem Herzen systemischer Coach und möchte Ihnen diesen Ansatz kurz vorstellen.

1. Denken Sie an einen Sonnenuntergang. Haben Sie das Bild? Lassen Sie sich jetzt von vier anderen Menschen einen Sonnenuntergang beschreiben. Wetten, dass auf diese Weise fünf verschiedene Bilder entstehen? Es gibt nämlich keine objektive Wirklichkeit. Wir machen uns nur ein Bild von ihr. Es gibt also so viele Bilder, wie es Menschen gibt: Jeder hat eine andere, ganz persönliche Sichtweise auf die Welt. Die Rahmen auf Seite 168 symbolisieren die unterschiedlichen Sichtweisen. Sie sind oft die Quelle von Missverständnissen und Konflikten. Um hier etwas zu verändern, ist ein genaues Bild von sich selbst, von der Situation und den daran Beteiligten nötig. Wenn ich coache, helfe ich meinen Klienten, ihr Bild von anderen Seiten zu betrachten, und schaue mit ihnen aus neuen Blickwinkeln auf altbekannte Situationen. Dadurch entstehen für die Klienten neue Perspektiven und neue Handlungsoptionen. Diese setzen wir dann gemeinsam um.

2. Was war zuerst da, das Huhn oder das Ei? Egal. Systemisch zu denken heißt (wie der Name schon sagt), in Systemen zu denken. Das bedeutet: Es gibt keinen Anfang, keine Ursachen – und deshalb auch keine »Schuldigen«, sondern nur Menschen, die auf ihre ganz persönliche Weise dazu beigetragen haben, dass beispielsweise ein Konflikt entstanden ist. Da alles, was wir tun, Auswirkungen auf alle(s) in unserem System hat, können wir selbst oft viel mehr verändern, als wir zunächst glauben. Menschen leben in Systemen, sie erzeugen neue Systeme und sie verhalten sich in verschiedenen Systemen unterschiedlich. Mit einer Freundin sprechen Sie ja anders als mit Ihrer Mutter.

3. Manche Leute kommen zu mir und wünschen sich einen Rat. Ich wäre in meinen Augen ein schlechter Coach, wenn ich ihnen diesen Wunsch erfüllen würde. Ich bin schließlich nicht mein Klient – richtig? Deshalb kann das, was für mich vielleicht (!) sinnvoll ist, unmöglich für meinen Klienten sinnvoll sein, denn er ist ja auch nicht ich – richtig? Anders gesagt: Der Klient ist der Experte für seine Lösung. Ich bin lediglich der Experte im Finden der Lösung, weil ich ihm durch meine Fragen neue Sichtweisen eröffne. Kurz: Ich bin der Fragemeister, mein Klient ist der Antwortenkönig.

Ein Coach ist als Spiegel und Experte sehr hilfreich, wenn es darum geht, aus eigenen Denkmustern auszubrechen. Aber es gibt auch ein paar Coaching-Tools, die sich sehr gut zum Selbstcoaching eignen.

Ich stelle Ihnen hier einige meiner Lieblingstools vor, die sich in meiner Praxis bewährt haben und meist sogar dort entstanden sind. Sehr gerne entwickle ich nämlich Tools, die auf die Persönlichkeit meiner Klienten zugeschnitten sind. Je besser das Tool zum Klienten passt, desto wirkungsvoller ist es! »Visuell veranlagte Menschen« merken sich beispielsweise ganz leicht Bilder. Bei ihnen setze ich dann natürlich Bilder als Tools ein. So ist zum Beispiel der Gefühlselefant auf Seite 176 entstanden. Mit einem theoretischen Modell – davon bin ich überzeugt – wäre meine Klientin nicht so schnell weitergekommen und – und das ist ganz wichtig – sie hätte nicht so viel Spaß dabei gehabt. Spaß macht Spaß! Spaß ist pure Energie, die wir gerade in schwierigen Veränderungsprozessen gut gebrauchen können. Neben der Persönlichkeit berücksichtige ich auch die jeweilige Lebenssituation meiner Klienten. Auf diese Weise ist auch dieses Buch entstanden: Viele meiner Klienten haben wenig Zeit, also sind Methoden erforderlich, die dies berücksichtigen.

Ich habe die Tools für dieses Buch überarbeitet, damit Sie sie bequem zu Hause machen können. Die Tools sind einfach und dabei sehr effizient (sonst wären sie auch nicht meine Lieblingstools). Sie werden Ihnen helfen, in Zukunft besser mit Ihren Gefühlen umzugehen, Ihre Ziele zu erreichen und neue Sichtweisen für altbekannte Situationen zu finden.

Ich wünsche Ihnen viel Freude an der Erschaffung »neuer Bilder«!

Die Rahmen-Galerie

Hilfe bei: Problemen aller Art	Was es bringt: eine neue Sicht auf Situationen/Probleme
Dauer: 30 bis 45 Minuten	Was brauchen Sie dafür? ein paar Blätter Papier, Stifte

Mit diesem Tool möchte ich Sie dazu anregen, Ihr eigener systemischer Coach zu sein und Ihre Situation aus unterschiedlichen Blickwinkeln zu betrachten. Warum? Wenn wir ein Problem haben, neigen wir dazu, es nur aus einer Perspektive zu betrachten. Wir glauben dann folgerichtig, es gäbe nur die eine oder maximal eine andere Lösung. Oft »kleben« wir regelrecht an diesen Lösungsmöglichkeiten, aber nur, weil wir keine anderen kennen! Betrachten Sie Ihr Problem einmal anders als sonst, indem Sie spielerisch neue Perspektiven entwickeln und sich aus Ihren gewohnten Denkmustern befreien. Wenn Sie die Dinge erst einmal denken können, dann fällt Ihnen das Handeln nicht mehr so schwer ... Haben Sie Lust? Los geht's!

1. Suchen Sie sich einen Ort, an dem Sie ungestört Ihren Gedanken nachhängen können. Stimmen Sie sich auf einen entspannten Suchprozess ein, bei dem nichts sein muss und alles sein darf. Wenn Sie mögen, können Sie Ihre Lieblingsmusik dazu auflegen.

2. Beschreiben Sie Ihre Situation/Ihr aktuelles Problem, so wie es sich Ihnen gerade darstellt. Ein paar Zeilen genügen.

3. Sehen Sie sich jetzt die Rahmen auf der nächsten Seite an. Stellen Sie sich Personen zu diesen Rahmen vor, die in einer bestimmten – den Rahmen entsprechenden – Art und Weise auf Ihr Problem blicken. Vielleicht fällt Ihnen sogar jemand Konkretes ein? Sie können dazu die Liste mit den Qualitäten auf Seite 44 f. zu Hilfe nehmen, dort finden Sie Adjektive, die Sie den Rahmen zuordnen können. Wählen Sie für den einfachen Rahmen zum Beispiel »realistisch« und beschreiben Sie Ihre Situation, als würde eine sehr realistische Person Ihr Problem schildern. Oder wählen Sie »romantisch« für einen verspielten Rahmen, und erzählen Sie Ihre Geschichte verspielt-romantisch. Lassen Sie sich von den Rahmen inspirieren!

Schreiben Sie auf diese Weise mindestens drei Geschichten.

4. Stellen Sie sich zu Ihrer ursprünglichen Beschreibung (siehe 2.) einen Rahmen vor: Wie würde der aussehen? Welche Adjektive fallen Ihnen dazu ein?

5. Zeichnen Sie um jede Beschreibung skizzenhaft den jeweiligen Rahmen, sodass Sie ihn gut erkennen können.

6. Jetzt hängen Sie bitte alle Ihre »Bilder« an die Wand. Sehen Sie sich die Bilder nacheinander an. Welches gefällt Ihnen spontan am besten? Warum?

7. Verweilen Sie nun vor jedem Bild 1 bis 2 Minuten lang und stellen Sie sich vor, Sie würden Ihr Problem ab sofort so sehen, wie dies im jeweiligen Bild beschrieben ist. Was hätte das für Konsequenzen? Was würden Sie dann anders machen? Spielen Sie dieses Szenario für alle Bilder durch.

8. Loslassen! Jetzt haben Sie genug gearbeitet. Vertrauen Sie darauf, dass die Bilder in Ihnen ganz allein weiterarbeiten. Lassen Sie sie einfach so stehen und seien Sie neugierig darauf, wie sich Ihre Situation weiterentwickelt. Wenn Sie mögen, erzählen Sie Freunden oder Ihrem Partner davon, wie es Ihnen dabei ergangen ist. Vielleicht ist das ja der Beginn eines schönen Gespräches!

Das Spiel des Lebens

Hilfe bei: Entscheidungen, Entwicklung von Ideen	Was es bringt: Klarheit über die Gefühle zu den Alternativen/Ideen, neue Alternativen
Dauer: 30 bis 45 Minuten	Was brauchen Sie dafür? ein Blatt Papier, Stift, 1 bis 2 Würfel

Manche Klienten kommen völlig verzweifelt zu mir, weil sie seit Monaten mit ungetroffenen Entscheidungen leben und zu keinem Schluss gelangen. Sie haben zu diesem Zeitpunkt bereits zigmal tonnenschwere Gedanken hin und her geschoben, den kompletten Freundeskreis mehrfach befragt, vielleicht sogar Prioritätenlisten angelegt, aber alles hat nichts geholfen. Warum? Sie haben oft nur Ihren Kopf angestrengt! In unserer vernunftgetriebenen Welt sind Entscheidungen oft reine Kopf-Angelegenheiten. Dabei ist eine gute Entscheidung eine, die Sie mit Kopf und Bauch treffen – wir haben nämlich glücklicherweise beides! Damit meine Klienten ein Gefühl für ihre verschiedenen Alternativen bekommen, habe ich ein Tool entwickelt, das auf den ersten Blick profan erscheint, aber verblüffende Ergebnisse liefert. Aktivieren Sie Ihre Gefühle für eine Entscheidung!

1. Suchen Sie sich ein ruhiges Plätzchen und machen Sie es sich dort gemütlich. Konzentrieren Sie sich auf Ihre Entscheidung.

2. Notieren Sie die Alternativen zu dieser Entscheidung. Versuchen Sie mehr als zwei Alternativen zu finden, also nicht nur »gehen oder bleiben«. Entwerfen Sie Szenarien, die auf den ersten Blick vielleicht sogar unmöglich erscheinen, zum Beispiel: »gehen und bleiben«; oder »weder gehen noch bleiben«. Schön wären sechs Alternativen (dafür benötigen Sie einen Würfel), höchstens zwölf dürfen es sein (dafür brauchen Sie zwei Würfel).

3. Schreiben Sie jeweils eine Zahl neben Ihre Alternativen. Sie müssen dabei nicht chronologisch vorgehen! Nun haben Sie eine nummerierte Liste. Jetzt wird gewürfelt! Spielen Sie zuerst um den letzten Platz. Beispiel: Wenn Sie eine Vier würfeln, ist die Alternative auf dem letzten Platz, bei der Sie die Vier dazugeschrieben haben.

Notieren Sie das Ergebnis. Würfeln Sie jetzt so lange weiter, bis sich der erste Platz daraus ergibt, dass der zweite Platz feststeht. Bei mehr als sechs Alternativen »spielen« Sie mit zwei Würfeln.

4. Wie geht es Ihnen mit diesem Zufallsranking? Ist es vorstellbar? Völlig unvorstellbar? Verwerfen Sie das Ergebnis nicht gleich, sondern entwickeln Sie Szenarien: Wie sähe Ihr Leben aus, wenn Sie sich für den ersten Platz entscheiden würden? Was hätte das für Konsequenzen? Achten Sie auf Ihre Emotionen! Was genau fühlen Sie? Schreiben Sie jeweils neben die Alternati-

ve, wie es Ihnen damit geht, finden Sie Worte für Ihre Gefühle. Das Gefühlsglossar auf Seite 19 kann Ihnen dabei helfen. Verfahren Sie mit den restlichen Plätzen genauso.

5. Zu welcher Entscheidung tendieren Sie jetzt? Was sagt Ihr Gefühl? Notieren Sie Ihr neues Ranking – Ihr »Gefühlsranking«: Welche Alternative steht dann an erster Stelle?

6. Schließen Sie die Übung ab, wenn Ihnen danach ist, aber strapazieren Sie sich nicht! Sobald Sie merken, dass Sie auf der Situation »herumkauen«, sind Sie wahrscheinlich wieder zu sehr »im Kopf«. Dann hören Sie bitte auf! Vertrauen Sie darauf, dass Ihre Gefühle sich schon einen Weg in Ihr Bewusstsein bahnen werden – wenn Sie es zulassen und wenn Sie achtsam sind.

Auf Seite 214 finden Sie die Geschichte von Hanna. Sie hatte die Wahl zwischen drei verschiedenen Jobs, aber dann haben die Würfel ganz anders entschieden …

Eine Variante zum »Spiel des Lebens«
Sie können dieses Tool auch dazu verwenden, Ideen zu generieren. Das Besondere dabei ist, dass Ihre Gefühle bereits während der Suche nach Alternativen aktiviert sind.

Wenn Sie Ihr ruhiges Plätzchen (und Zeit) gefunden haben, beginnen Sie bitte, möglichst viele Ideen zu einem

Thema zu finden. Mögliche Themen könnten sein: »Mehr Zeit für mich« oder »ein neuer Job« oder »mehr Spaß im Leben« – was auch immer Sie gerade beschäftigt!

Auch hier sind auf den ersten Blick abwegig erscheinende Ideen durchaus gefragt. Werten Sie sie nicht sofort (mit dem Kopf) ab, sondern fragen Sie Ihren Bauch, was er davon halten würde. Selbst wenn Sie ihm diesen Wunsch dann nicht erfüllen können, wird er sich zumindest wahrgenommen fühlen: ein gutes Gefühl! Notieren Sie Ihre Ideen, am besten jede auf ein einzelnes Blatt. Ab jetzt geht es weiter wie oben. Der einzige Unterschied: Sie können Ihr Ranking an die Wand hängen oder es vor sich auf den Boden legen. So haben Sie eine bessere Übersicht über Ihre vielen Ideen und können das Ranking jederzeit schnell ändern. Natürlich können Sie auch in der Grundform dieses Tools mit mehreren Blättern arbeiten.

Hier ein paar Fragen, die Ihnen bei der Ideenfindung helfen:

Wenn Sie zum Beispiel Ideen für Ihre berufliche Zukunft entwickeln möchten, dann fragen Sie sich: Was außer dem Naheliegenden könnte ich noch tun? Was würde mir so richtig Spaß machen (auch wenn es unrealistisch scheint)? Was würden andere sagen, was ich gut machen könnte? Was wollte ich schon immer machen? Was kann man mit meiner Ausbildung alles machen? Wenn ein Wunder geschehen würde und alles möglich wäre: Was würde ich dann richtig gerne tun?

Wenn Sie gern wüssten, wie Sie mehr Zeit für sich nutzen können, dann fragen Sie sich: An welchen Stellen kann ich sofort Zeit sparen? Was genau müsste ich dafür ändern? Welche von meinen Aufgaben kann/will ich delegieren? Wer könnte mich dabei unterstützen? Wie genau könnte X das tun?

Tipp: Je konkreter Sie die Idee formulieren, desto leichter wird die Umsetzung!

Schließlich haben Sie ein »Gefühlsranking«. Sie wissen also jetzt, welche der Ideen Ihnen am meisten behagt (auch wenn vielleicht einiges dagegen spricht). Jetzt können Sie das einfach so stehen lassen und abwarten, was Ihr Bewusstsein mit diesen neuen Informationen anstellt. Oder – wenn Ihnen der Weg gangbar erscheint – überlegen Sie sich im Anschluss, wie Sie Ihre Lieblingsidee(n) in die Tat umsetzen könnten. Nutzen Sie die Gefühlsenergie aus dieser Übung, um eine konkrete To-do-Liste zu erstellen: Was können Sie sofort dafür tun? Wen müssten Sie dafür mit einbeziehen? Wann werden Sie mit demjenigen darüber sprechen?

Aus Ihrer Idee ist auf diese Weise ein Ziel geworden. Ab Seite 186 finden Sie Tipps, wie man ein Ziel so formuliert, dass es auch erreicht werden kann.

Probieren Sie beide Varianten, gern auch mit Freund(in) oder Partner(in). Möge der Zufall Ihnen zu neuen Erkenntnissen und Sichtweisen verhelfen! Schließlich ist die Erde ja auch aus einem Zufall heraus entstanden …

Der Gefühlselefant

Hilfe bei: Wut auf jemanden, Streitgesprächen, Konflikte mit anderen	Was es bringt: De-Eskalation, Verbesserung der Kommunikationsfähigkeit
Dauer: üben, üben, üben	Was brauchen Sie dafür? Liebe und Geduld

Dieses Tool habe ich ursprünglich für eine Klientin entwickelt, deren Beziehung, wie sie sagte, »an einem seidenen Faden hing«. Diese Klientin verwendete häufig Metaphern, also griff ich das Bild des Fadens auf und wir sammelten Ideen, wie sie den seidenen Faden stärken und zu einem festen Seil machen könnte. Schnell war klar: Dieses Paar war heillos zerstritten, sie mussten zuerst wieder lernen, miteinander zu reden. So kam es, dass ich dieser Klientin ein Bild schenkte: einen Elefanten. Bei meiner Klientin hat es funktioniert, und seitdem verwende ich dieses Tool immer gerne, wenn es gilt zu lernen, wie man miteinander spricht – und nicht gegeneinander.

Bevor ich zu dem Elefanten komme, noch ein paar Worte zu Streit und Wut: Streit entsteht, wenn wir wütend sind. Hinter unserer Wut stecken meist verletzte Gefühle und unbefriedigte Bedürfnisse. Dann trachten wir nicht selten danach, den anderen ebenso zu verletzen, wie wir glauben, dass er uns verletzt hat. Den anderen können Sie aber nicht verändern, diese »Fernbedienung« wurde noch nicht erfunden. Aber wenn Sie sich anders verhalten, ist die Wahrscheinlichkeit groß, dass auch Ihr Gegenüber anders reagiert. Erst wenn Sie Ihre Gefühle und die des anderen respektieren, ist ein erfülltes Miteinander möglich. Der Gefühlselefant zeigt Ihnen, wie das geht. Der Gefühlselefant ist ein intelligentes Wesen mit großen Ohren und einem sensiblen Rüssel, den er für sehr viele unterschiedliche Dinge benutzt.

1. Weil er so intelligent ist, beobachtet er, statt zu werten.
2. Mit dem einen Ohr hört er in sich hinein, dabei nimmt er seine Gefühle und Bedürfnisse wahr.
3. Seinen sensiblen Rüssel nutzt er, um den anderen liebevoll anzustupsen und ihn so dazu zu bringen, seine Bedürfnisse zu artikulieren.
4. Mit dem anderen Ohr hört er genau zu, was der andere sagt.
5. Er verwendet seinen Rüssel aber auch immer wieder zum Vorfühlen: Was fühle ich gerade? Wie geht's dem anderen?

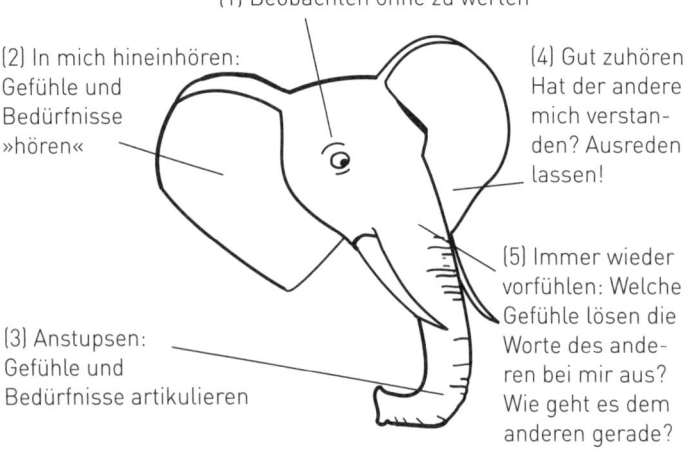

(1) Beobachten ohne zu werten

(2) In mich hineinhören: Gefühle und Bedürfnisse »hören«

(4) Gut zuhören: Hat der andere mich verstanden? Ausreden lassen!

(5) Immer wieder vorfühlen: Welche Gefühle lösen die Worte des anderen bei mir aus? Wie geht es dem anderen gerade?

(3) Anstupsen: Gefühle und Bedürfnisse artikulieren

Ein Beispiel:

(1) »Schatz, du kommst seit Wochen sehr spät nach Hause.«

(2) In mich hineinhören: Wie fühle ich mich dabei? Ergebnis:

(3 a) »Das verletzt mich. Ich denke dann, dass es dir nicht wichtig ist, einen Abend mit mir zu verbringen. Ich habe dann irgendwie Angst, dass ich dir nicht wichtig genug bin.

(3 b) Ich wünsche mir, dass wir einen Abend pro Woche gemeinsam verbringen. Was meinst du?«

(4) Jetzt gut zuhören und den anderen ausreden lassen.

(5) Dabei immer wieder den Rüssel ausfahren und sich selbst und den anderen »abstasten«.

Nun sind Sie dran! Aber bitte seien Sie geduldig mit sich und Ihrem Gesprächspartner! Man verändert seine Gewohnheiten nicht über Nacht. Üben Sie! Nach und nach wird es Ihnen gelingen, Ihre Bedürfnisse so klar zu formulieren, dass der andere sie Ihnen erfüllen kann.

Denken Sie beim Reden einfach an den Elefanten, an seine Intelligenz, seine großen Ohren, seinen sensiblen Rüssel. Sie können Ihrem Gesprächspartner auch den Elefanten zeigen – dies tat übrigens auch meine Klientin. Was mit ungläubigem Gelächter seitens des Gatten begann, mündete in ein fruchtbares, wertschätzendes Miteinander. Lassen Sie uns also den Rüssel auch dazu verwenden, um diese frohe Botschaft in die Welt hinauszuposaunen!

Tipp: Auf den folgenden Seiten finden Sie Paar-Übungen, die Sie prima mit dem Elefanten kombinieren können!

Gefühlsglossar für zwei Leute

Hilfe bei: Formulierung von Gefühlen, Kennenlernen eines anderen	Was es bringt: Klarheit über die eigenen Gefühle und die des anderen, Spaß
Dauer: so lange, wie Sie möchten	Was brauchen Sie dafür? zwei unterschiedlich farbige Stifte oder Textmarker

Was mögen Sie an Ihren Freunden, Ihrem Partner? Was nicht so sehr?

Ein offenes Gespräch in entspannter und wohlwollender Atmosphäre, jenseits von Streitereien, wirkt Wunder für jede Beziehung! Betrachten Sie folgende Übung also als Beziehungspflege: Schaffen Sie eine gute Grundlage für kommende Unstimmigkeiten und genießen Sie die Anerkennung, die Ihnen dabei zuteilwird.

Und so geht es (im Folgenden verwende ich A und B für die beiden Personen):

1. Machen Sie sich am besten Kopien des Glossars, das Sie auf Seite 180/181 finden.

2. Unterstreichen Sie alle Gefühle, die Sie am anderen mögen, mit der einen Farbe; mit der anderen, was Sie am anderen nicht so sehr mögen.

3. Zunächst liest A vor, immer beginnend mit dem Positiven, und mit dem Wort »Ich«. Zum Beispiel: »Ich mag es, mit wie viel Leidenschaft du immer an deine

Projekte gehst.« Wenn alles Positive gesagt ist, folgt das, was A weniger mag, zum Beispiel: »Ich habe Schwierigkeiten mit deiner Ungeduld.« Bei den negativen Aspekten können Sie anhand des Glossars gleich nachsehen, wie Sie sich dann fühlen, wenn der andere – wie in diesem Beispiel – ungeduldig ist. B hört aufmerksam zu, unterbricht nicht! Hat A alles gesagt, ist B an der Reihe.

4. Tauschen Sie sich anschließend darüber aus: Wie war's? Inwieweit hat es Sie einander nähergebracht? Gibt es neue Themen, die Sie in Zukunft gerne in Ruhe (!) besprechen möchten?

Gefühlsglossar für . . . .

Datum: . . . .

Freude	Trauer	Wut	Angst
Anerkennung	Bedauern	Ärger	Aggression
Begeisterung	Beleidigtsein	Abneigung	Anspannung
Dankbarkeit	Betrübnis	Eifersucht	Ekel
Gelassenheit	Düsterkeit	Frust	Furcht
Glück	Einsamkeit	Gereiztheit	Misstrauen
Hoffnung	Enttäuschung	Groll	Nervosität
Leidenschaft	Kummer	Hass	Panik
Liebe	Langeweile	Missmut	Reue
Lust	Leere	Neid	Scham
Motivation	Melancholie	Rache	Scheu
Neugierde	Mitgefühl	Rage	Schuldgefühl
Rührung	Mutlosigkeit	Trotz	Schwäche
Selbstver-	Niederge-	Ungeduld	Sorge
trauen	schlagenheit	Verachtung	Skepsis
Stolz	Ohnmacht	Verbitterung	Unsicherheit
Übermut	Schmerz	Verdruss	Unruhe
Vergnügen	Schwermut	Widerwille	Verlegenheit
Vertrauen	Selbstmitleid	Zorn	Verzagtheit
Wohlbehagen	Unpässlich-	Zynismus	Vorsicht
Zuneigung	keit		Zurückhal-
	Traurigkeit		tung
	Trübsinn		
	Verzweiflung		
	Wehmut		

Gefühlsglossar für . . . .

Datum: . . . .

Freude	Trauer	Wut	Angst
Anerkennung	Bedauern	Ärger	Aggression
Begeisterung	Beleidigtsein	Abneigung	Anspannung
Dankbarkeit	Betrübnis	Eifersucht	Ekel
Gelassenheit	Düsterkeit	Frust	Furcht
Glück	Einsamkeit	Gereiztheit	Misstrauen
Hoffnung	Enttäuschung	Groll	Nervosität
Leidenschaft	Kummer	Hass	Panik
Liebe	Langeweile	Missmut	Reue
Lust	Leere	Neid	Scham
Motivation	Melancholie	Rache	Scheu
Neugierde	Mitgefühl	Rage	Schuldgefühl
Rührung	Mutlosigkeit	Trotz	Schwäche
Selbstver-	Niederge-	Ungeduld	Sorge
trauen	schlagenheit	Verachtung	Skepsis
Stolz	Ohnmacht	Verbitterung	Unsicherheit
Übermut	Schmerz	Verdruss	Unruhe
Vergnügen	Schwermut	Widerwille	Verlegenheit
Vertrauen	Selbstmitleid	Zorn	Verzagtheit
Wohlbehagen	Unpässlich-	Zynismus	Vorsicht
Zuneigung	keit		Zurückhal-
	Traurigkeit		tung
	Trübsinn		
	Verzweiflung		
	Wehmut		

Gefühlsglossar für zwei Streithähne

Hilfe bei: Formulierung von Gefühlen, Streitgesprächen, Konflikten	Was es bringt: Klarheit über die eigenen Gefühle und die des anderen, De-Eskalation
Dauer: so lange, wie Sie möchten	Was brauchen Sie dafür? Stifte, evtl. Textmarker

Gerade in einer Auseinandersetzung ist es wichtig, die eigenen Gefühle möglichst genau zu benennen – und die des anderen genau zu verstehen. Oft fehlen uns aber leider im Affekt die richtigen Gefühlsworte und der Streit verschlimmert sich wegen der jeweiligen Unkenntnis unserer Gefühle. Sie erinnern sich: Hinter der Wut steckt oft eine Verletzung oder eine Enttäuschung!

Diese Übung ist auch sehr gut dazu geeignet, einen heftigen Streit zu de-eskalieren. Stellen Sie sich nur einmal vor, Ihr Gegenüber steht wutschnaubend vor Ihnen, und Sie sagen: »Ich hab' eine Idee! Lass uns doch mal auf die Tabelle hier im Buch schauen!« Dieser Satz wird eine wohltuende Pause in das Wortgemetzel bringen! Und so geht es:

1. Machen Sie sich am besten Kopien des Glossars auf Seite 184/185. Jeder von Ihnen bekommt eine. Bitten Sie den anderen, alle Gefühle zu unterstreichen, die er gerade empfindet. Verfahren Sie selbst genauso. Geben Sie einander ein paar Minuten Zeit dafür. Auch das hilft, um dem Streit die Vehemenz zu nehmen!

2. Danach treffen Sie sich wieder (es schadet übrigens nichts, wenn einer von Ihnen dann einen Kaffee gekocht hat), und der eine beginnt, seine Gefühle vorzulesen. Unterbrechen Sie ihn dabei auf keinen Fall! Er öffnet sich Ihnen jetzt und könnte diese Unterbrechung als Verletzung empfinden. Außerdem würde es die Atmosphäre wieder unruhiger machen. Danach ist der andere an der Reihe.

3. Sprechen Sie mit der jetzt wiedergefundenen Ruhe darüber, was diese Gefühle in Ihnen ausgelöst haben. Genießen Sie die gemeinsame Geprächsbasis und führen Sie nun – eventuell mithilfe des Gefühlselefanten auf Seite 176 – ein konstruktives Gespräch!

Gefühlsglossar für . . . .

Datum: . . . .

Freude	Trauer	Wut	Angst
Anerkennung	Bedauern	Ärger	Aggression
Begeisterung	Beleidigtsein	Abneigung	Anspannung
Dankbarkeit	Betrübnis	Eifersucht	Ekel
Gelassenheit	Düsterkeit	Frust	Furcht
Glück	Einsamkeit	Gereiztheit	Misstrauen
Hoffnung	Enttäuschung	Groll	Nervosität
Leidenschaft	Kummer	Hass	Panik
Liebe	Langeweile	Missmut	Reue
Lust	Leere	Neid	Scham
Motivation	Melancholie	Rache	Scheu
Neugierde	Mitgefühl	Rage	Schuldgefühl
Rührung	Mutlosigkeit	Trotz	Schwäche
Selbstver-	Niederge-	Ungeduld	Sorge
trauen	schlagenheit	Verachtung	Skepsis
Stolz	Ohnmacht	Verbitterung	Unsicherheit
Übermut	Schmerz	Verdruss	Unruhe
Vergnügen	Schwermut	Widerwille	Verlegenheit
Vertrauen	Selbstmitleid	Zorn	Verzagtheit
Wohlbehagen	Unpässlich-	Zynismus	Vorsicht
Zuneigung	keit		Zurückhal-
	Traurigkeit		tung
	Trübsinn		
	Verzweiflung		
	Wehmut		

Tipps für die Formulierung:
»Ich fühle mich …«
»Wenn du … sagst/so mit mir sprichst, empfinde ich …«
»Wenn du so laut schreist, fühle ich (mich)…«
»Wenn ich sage, dass ich genervt bin, meine ich, dass ich
… empfinde.«

Gefühlsglossar für ....

Datum: ....

Freude	Trauer	Wut	Angst
Anerkennung	Bedauern	Ärger	Aggression
Begeisterung	Beleidigtsein	Abneigung	Anspannung
Dankbarkeit	Betrübnis	Eifersucht	Ekel
Gelassenheit	Düsterkeit	Frust	Furcht
Glück	Einsamkeit	Gereiztheit	Misstrauen
Hoffnung	Enttäuschung	Groll	Nervosität
Leidenschaft	Kummer	Hass	Panik
Liebe	Langeweile	Missmut	Reue
Lust	Leere	Neid	Scham
Motivation	Melancholie	Rache	Scheu
Neugierde	Mitgefühl	Rage	Schuldgefühl
Rührung	Mutlosigkeit	Trotz	Schwäche
Selbstver-	Niederge-	Ungeduld	Sorge
trauen	schlagenheit	Verachtung	Skepsis
Stolz	Ohnmacht	Verbitterung	Unsicherheit
Übermut	Schmerz	Verdruss	Unruhe
Vergnügen	Schwermut	Widerwille	Verlegenheit
Vertrauen	Selbstmitleid	Zorn	Verzagtheit
Wohlbehagen	Unpässlich-	Zynismus	Vorsicht
Zuneigung	keit		Zurückhal-
	Traurigkeit		tung
	Trübsinn		
	Verzweiflung		
	Wehmut		

Tipps für die Formulierung:
»Ich fühle mich ...«
»Wenn du ... sagst/so mit mir sprichst, empfinde ich ...«
»Wenn du so laut schreist, fühle ich (mich)...«
»Wenn ich sage, dass ich genervt bin, meine ich, dass ich
... empfinde.«

Ein gutes Ziel finden

Hilfe bei: Formulierung von Zielen (privat und beruflich)	Was es bringt: verbessert die Erreichbarkeit von Zielen
Dauer: 30 Minuten	Was brauchen Sie dafür? Papier, Stift

Wie oft haben Sie sich schon etwas vorgenommen und es dann nicht erreicht? Das könnte daran gelegen haben, dass das Ziel nicht gut genug war. Gut genug?! Ein »gutes Ziel« nenne ich ein Ziel, das Sie erreichen können und wollen. Im Folgenden habe ich aufgeschrieben, woran Sie ein gutes Ziel erkennen. Notieren Sie jetzt Ihr Ziel und beginnen Sie mit der Prüfung:

1. Ein gutes Ziel ist selbstbestimmt und liegt im eigenen Einflussbereich.

   Das klingt vielleicht banal, aber nicht selten glauben wir, Dinge tun zu müssen, weil andere sie von uns erwarten. Also fragen Sie sich:
   * Handelt es sich um mein eigenes Ziel oder um das von anderen?
   * Kann ich es umsetzen, ohne dabei von anderen abhängig zu sein?

2. Ein gutes Ziel ist realistisch

   Vergessen Sie den x-ten Vorsatz, ab übermorgen auch ganz bestimmt keine Süßigkeiten mehr zu essen. Solcherlei Ziele verursachen einen kurzen symbolischen(!) Erfolg, der dann – da solche Ziele in der Regel nicht umgesetzt werden – langfristig demoralisierend wirkt. Ich hatte schon einige Klienten, die mitten in einer akuten Krise verkündeten, sie würden jetzt mit einer Diät beginnen – ein denkbar schlechter Zeitpunkt! Aber für mich eine Gelegenheit, über gute Ziele zu sprechen.

Fragen Sie sich: Ist die Umsetzung meines Zieles wirklich möglich?

3. Ein gutes Ziel ist so konkret wie möglich

Je konkreter Sie Ihr Ziel beschreiben können, desto klarer wird Ihnen, ob Ihr Ziel realistisch ist und was Sie brauchen, um es zu erreichen. Darüber hinaus beinhaltet ein konkret formuliertes Ziel oft schon erste Handlungsschritte. Vergleichen Sie den Satz »Ich möchte öfter einmal Zeit für mich haben« mit: »Ich möchte zweimal die Woche abends frei haben.« Der zweite Satz klingt irgendwie machbarer, nicht?

Das gilt natürlich auch für Zeiträume.

Folgendes Ziel zu erreichen ist schwer: »Ich werde bald mehr Sport machen.«

Besser: »Ich werde ab nächster Woche jeden Montag um 18 Uhr ins Yoga gehen.«

Formulieren Sie Ihr persönliches Ziel jetzt entsprechend um!

4. Ein gutes Ziel ist teilbar

Ein schlechtes Ziel steht vor Ihnen wie ein riesiger unüberwindbarer Felsblock. Folge: Sie fühlen sich sofort überfordert und denken: »Ach, das klappt ja sowieso nie …« Ein gutes Ziel lässt sich in kleine realistische Etappen unterteilen. Lässt sich das mit Ihrem Ziel machen? Übrigens: Sie dürfen sich nach jeder Etappe belohnen!

5. Bei einem guten Ziel definieren Sie, wann Sie angekommen sind. Was auch immer andere Ihnen sagen – es ist Ihr Ziel! Sie allein tragen die Verantwortung dafür, und deshalb bestimmen auch nur Sie, wann Sie angekommen sind. Fragen Sie sich: Was ist anders, wenn ich angekommen bin? Woran würde ich das bemerken? Wer außer mir würde es noch bemerken? Woran?

»Würdest du mir bitte sagen, wie ich von hier aus weitergehen soll?«, fragte Alice.

»Das hängt zum großen Teil davon ab, wohin du möchtest«, sagte die Katze.

»Ach, wohin ist mir eigentlich gleich …«

»Dann ist es auch egal, wie du weitergehst.«

»… solange ich nur irgendwo hinkomme«, fügte Alice hinzu.

»Dahin kommst du bestimmt«, sagte die Katze, »wenn du nur lange genug weiterläufst.«

(aus: *Alice im Wunderland*, Lewis Carroll)

Rucksack packen

Hilfe bei: Stress bei Aufgaben- bewältigung, Überforderung, Prüfungsangst	Was es bringt: verbessert die Erreichbarkeit von Zielen, eb- net Lösungswege, Klarheit
Dauer: 45 Minuten	Was brauchen Sie dafür? Stift(e), Papier

Dieses Tool habe ich mit einer Klientin entwickelt, die unter starken Prüfungsängsten litt, und ich habe es seitdem immer wieder mit Erfolg eingesetzt. Haben Sie ein Ziel vor sich, bei dem Sie daran zweifeln, dass Sie es erreichen? Sind Sie bereit für eine kleine Reise …?

1. Suchen Sie sich ein ruhiges Plätzchen, an dem Sie ungestört Ihren Gedanken nachhängen können. Machen Sie es sich gemütlich und folgen Sie den Anweisungen:

2. Schließen Sie die Augen und denken Sie an Ihren Weg zum Ziel: Welches Bild entsteht vor Ihrem inneren Auge? Jedes Bild ist willkommen! Halten Sie das Bild in Gedanken fest, damit Sie es jederzeit wieder abrufen können. Wenn Sie möchten, können Sie es auch aufmalen. Bleiben Sie ab jetzt in diesem Bild.

3. Wo in diesem Bild ist Ihr Ziel? Beschreiben Sie Ihr Ziel in diesem Bild so genau wie möglich. Wie weit sind Sie davon entfernt? Können Sie es vom Start aus sehen? Wie sieht der Weg dahin aus?

4. Gehen Sie in Gedanken durch Ihre Landschaft: Wo stehen Sie gerade? Wie ist das Wetter? Welche Tageszeit ist gerade? Ist der Weg zum Ziel noch weit? Wie weit ist er auf einer Skala von 1 bis 10? Möchten Sie jetzt weitergehen oder erst einmal eine Rast machen? Was auch immer Sie tun möchten: Es ist gut!

5. Jeder, der eine längere Reise macht, hat natürlich auch einen Rucksack (eine Tasche, einen Koffer) dabei. Was muss da unbedingt drin sein, damit Sie Ihr Ziel erreichen? Etwas zu essen?

Was genau? Etwas zu trinken? Was? Ein Taschenmesser? Ein Buch? Wanderstöcke? Ein Kompass? Etwas Persönliches? Was? Denken Sie ein paar Minuten darüber nach und notieren Sie alles untereinander auf einem Blatt Papier. Lassen Sie dazwischen ausreichend Platz für spätere Notizen.

6. Kehren Sie jetzt wieder in Ihr Zimmer zurück. Ihre Liste wird Ihnen jetzt als Hilfe für Ihren tatsächlichen Weg dienen. Fragen Sie sich: Wofür stehen die einzelnen Dinge in der Realität, die Sie unbedingt dabeihaben müssen? Wie könnten diese tatsächlich dazu beitragen, dass Sie Ihr Ziel erreichen? Schreiben Sie all dies auf Ihre Liste. Hier zur Inspiration Beispiele, wie Klienten die Liste übertragen haben:

Ein Taschenmesser STEHT FÜR Alleskönner, Sicherheit.

✎ Ich spreche mit meiner besten Freundin und bitte sie, dass ich sie immer kurz anrufen kann, wenn ich in einer schwierigen Situation bin.

Mein Schminkzeug STEHT FÜR Ordnung.

✎ Jeden Abend nach der Arbeit räume ich 15 Minuten lang auf.

Ein Brot STEHT FÜR essenzielle Bedürfnisse und Zeit für mich.

✎ Ich denke darüber nach, wie ich in dieser Phase Zeit für mich einplanen kann.

Ein Buch STEHT FÜR Ablenkung.

✎ Nach getaner Arbeit darf ich lesen bis 23 Uhr. Nach jeder Etappe darf ich mir ein neues Buch kaufen.

Ein kleiner Topf STEHT FÜR Kochen & Essen mit Freunden.

✎ Das gibt mir Kraft. Ich plane drei solcher Essen bis zum Ziel ein.

Ein Kompass STEHT FÜR mein Ziel.

✎ Ich neige dazu, einfach irgendetwas zu machen, und verliere so mein Ziel aus den Augen. Ich werde also ab jetzt regelmäßig überprüfen, ob ich noch auf dem richtigen Weg bin.

Sorgen Sie dafür, dass Ihnen all das, was Sie für »Ihre Reise« unbedingt brauchen, zur Verfügung steht. In manchen Fällen werden Gespräche nötig sein, etwa wenn Sie Ihre Freunde oder die Familie integrieren möchten. Vielleicht brauchen Sie auch eine bessere Struktur – dann machen Sie sich einen genauen Plan mit konkreten Zeitangaben für die nächsten Tage oder Wochen bis zum Ziel.

Erfolgsgeschichten (nach R. N. Bolles)

Hilfe bei: mangelndem Selbstvertrauen, Bewerbung, Karriereplanung	**Was es bringt:** aktiviert Ihre Ressourcen
Dauer: 60 Minuten	**Was brauchen Sie dafür?** Stift, Papier, evtl. eine zweite Person

Im Laufe unseres Lebens haben wir eine Menge Erfahrungen gesammelt und uns viele Fähigkeiten angeeignet: Das sind unsere Ressourcen, um das Leben zu meistern. Es gibt allerdings Momente, da haben wir keinen Zugriff auf unsere Ressourcen. Dann kann es sein, dass wir uns manchen Situationen nicht gewachsen fühlen, uns geradezu klein fühlen ... Ist gerade ein solcher Moment? Oder sind Sie einfach neugierig auf sich? Wie auch immer: Mit diesem Tool aktivieren Sie Ihre Ressourcen. Machen Sie diese Übung allein oder zu zweit. Sie kann auch eine schöne Sonntagnachmittagsbeschäftigung sein!

Schreiben Sie drei Erlebnisse in Form von Geschichten auf. Das können zum Beispiel Erlebnisse sein,
✎ bei denen Sie sich so richtig gut gefühlt haben;
✎ bei denen Sie viel Spaß hatten;
✎ in denen Sie sich erfolgreich gefühlt haben;
✎ zu deren Erfolg Sie maßgeblich beigetragen haben.

Diese Geschichten können aus allen Lebensbereichen und -phasen stammen. Denken Sie an Situationen in Ihrem Leben, die

- besonders für Sie sind/waren;
- Ihre Fähigkeiten besonders herausstellen;
- eine Herausforderung waren;
- die Sie gerne noch einmal erleben würden;
- die besonders aufregend waren;
- die Sie als besonders inspirierend empfunden haben;
- die Ihnen einfallen, weil sie viel von Ihnen offenbaren.

Tipps fürs Schreiben:

1. Schreiben Sie in der Ich-Form. Beschreiben Sie die Situation und was Sie gemacht haben so konkret und detailliert wie möglich. Also nicht: »Dann habe ich den Job bekommen.« Sondern besser: »Das und das und das habe ich getan, um den Job zu bekommen.« Gab es Hindernisse? Was habe ich getan, um sie zu überwinden?
2. Konzentrieren Sie sich darauf, was Sie getan haben.
3. Was war dabei Ihr persönlicher Stil, Ihre ganz persönliche Art (zum Beispiel Geduld, Mut, Ausdauer)? Inwiefern hat Ihnen das geholfen, Ihr Ziel zu erreichen?

Auswertung:

Teilen Sie ein Blatt Papier in zwei Spalten und beschriften Sie sie mit »Fähigkeiten« und »Eigenschaften«.

Wenn Sie die Übung allein weitermachen:

Schreiben Sie nun in die erste Spalte alle Fähigkeiten (notieren Sie jeweils Verben), die Sie aus Ihren Geschichten herauslesen, in die zweite Spalte alle Eigenschaften.

Tipp: Die Eigenschaften ergeben sich häufig einfacher aus dem Kontext, während die Fähigkeiten manchmal geradezu heraus-»seziert« werden müssen. Fragen Sie sich daher immer wieder: Was genau habe ich gemacht, damit das funktioniert hat? Oder fragen Sie sich, wie ein kleines Kind Sie fragen würde: Was hast du dann gemacht? Und dann? Und dann?

Wenn Sie die Übung zu zweit weitermachen:
Erzählen Sie der anderen Person ihre Geschichten. Jene hört aufmerksam zu und notiert alle Fähigkeiten und Eigenschaften, die sie aus der Geschichte heraushört. Anschließend stellt sie Fragen zu der Geschichte – aber nur im Hinblick auf die Fähigkeiten! Das bedeutet: Interpretationen, Ratschläge oder Kommentare sind nicht erwünscht.

Petition

Hilfe bei: Wünschen, Frust	Was es bringt: Fokussierung, Klarheit, ein gutes Gefühl
Dauer: 30 Minuten	Was brauchen Sie dafür? Stift, Papier

Dieses Tool habe ich für eine Klientin entwickelt, die sich mit ihren Wünschen und Bedürfnissen allein gefühlt hat. Sie war danach sehr positiv überrascht, wen sie alles auf ihrer Seite hatte. Daraufhin hat sie einige ihrer »Wegbegleiter« angesprochen und ihnen gedankt. Dies wiederum führte zu noch mehr tatkräftiger Unterstützung. Dieses Tool kann aber noch mehr: Es hilft Ihnen, sich auf Ihren größten Wunsch zu fokussieren. Auch das setzt Kräfte frei!

1. Formulieren Sie Ihren derzeit brennendsten Wunsch:

Ich wünsche mir . . . .

. . . .

. . . .

. . . .

2. Stellen Sie sich vor, dies wäre eine Petition und Sie müssten dafür Unterschriften sammeln. Wer würde Ihre Petition von ganzem Herzen unterschreiben? Denken Sie an Ihre Freunde, Ihre Familie – und alle anderen Menschen, von denen Sie glauben, dass sie Sie gerne unterstützen.

1 . . . . 16 . . . .

2 . . . . 17 . . . .

3 . . . . 18 . . . .

4 . . . . 19 . . . .

5 . . . . 20 . . . .

6 . . . . 21 . . . .

7 . . . . 22 . . . .

8 . . . . 23 . . . .

9 . . . . 24 . . . .

10 . . . . 25 . . . .

11 . . . . 26 . . . .

12 . . . . 27 . . . .

13 . . . . 28 . . . .

14 . . . . 29 . . . .

15 . . . . 30 . . . .

Haben Sie auch wirklich niemanden vergessen?

31 . . . . 36 . . . .

32 . . . . 37 . . . .

33 . . . . 38 . . . .

34 . . . . 39 . . . .

35 . . . . 40 . . . .

Noch mehr Namen? Wunderbar! Dann brauchen Sie jetzt ein weiteres Blatt …

Beispiele aus meiner Coaching-Praxis

Die folgenden Geschichten stammen aus meiner Praxis. Zum Schutz meiner Klienten habe ich sie selbstverständlich so verändert, dass die Personen nicht aus den Zusammenhängen erkennbar werden.

Ich möchte Sie mit diesen Geschichten bei Ihrem Veränderungsprozess unterstützen: Indem Sie erleben, wie es anderen ergangen ist, indem Sie sich vielleicht in der einen oder anderen Person ein bisschen wiederfinden, erhalten Sie Anregungen für Ihren eigenen Prozess. So habe ich Fälle ausgewählt, in denen der Umgang mit unterdrückten Gefühlen im Vordergrund stand. Teilweise kommen die Formulare oder die in diesem Buch beschriebenen Tools zum Einsatz.

Mir war wichtig, dass Sie meine Gedankengänge nachvollziehen können, damit Sie einen Einblick in den Coachingprozess bekommen. Dabei wollte ich mich möglichst kurz fassen, um Ihnen keine wertvolle Zeit zu rauben. Deshalb habe ich die Geschichten, die sich teilweise über mehrere Sitzungen erstreckten, so erzählt, dass das in meinen Augen Wesentliche zur Sprache kommt.

Ich wünsche mir, dass Sie durch diese Geschichten ein wenig Inspiration und den Mut zur Veränderung finden.

Das ist doch normal! – Frau Jung und die Glücksformel.

»Das ist doch normal!«, sagt Frau Jung. »Stimmt. Es ist völlig normal, jeden Abend so erschöpft zu sein, dass man zu nichts mehr Lust hat«, entgegne ich lächelnd. Das war eine Provokation. Frau Jung sagt eine Weile nichts. Ich kann ihr förmlich dabei zusehen, wie sie nachdenkt. Schließlich schaut sie mich an und sagt leise: »Es ist eigentlich schrecklich, gell? Und noch schrecklicher, weil es für mich so normal ist.«

Ihre Augen füllen sich mit Tränen. Ich sage nichts, nicke ihr zu. Sie hat jetzt gerade ein Fenster zu ihrer Seele geöffnet, und ich möchte, dass es noch einen Moment lang offen bleibt, damit sie ihre Trauer darüber spüren kann. Denn so banal diese Erkenntnis Ihnen vielleicht jetzt erscheinen mag – für Frau Jung ist sie in etwa so bedeutend wie eine geheime Glücksformel.

Wir sind mitten in der ersten Sitzung. Frau Jung ist eine quirlige Mittdreißigerin. Auf den ersten Blick alles andere als müde. Sie ist bei mir, weil sie von einer Freundin einen Gutschein bekommen hat. Zu Beginn der Sitzung wusste sie selbst nicht so genau, worüber sie sprechen sollte. Mittlerweile aber hat sie ein Ziel formuliert: »Ich möchte mehr Zeit für mich.« Ihre Familie nimmt sie sehr in Anspruch, das findet sie auch okay, sie möchte aber dennoch mehr für sich tun. Sie würde gern bald wieder halbtags arbeiten und sich ein bisschen fit für ihren Job machen, nachdem sie jetzt fast drei Jahre pausiert hat.

Abends hätte sie Zeit dafür, aber da ist sie immer müde und unmotiviert. »Jeden Abend?«, frage ich. Frau Jung nickt: »Das ist doch normal!«

Frau Jung hat gerade gespürt, dass es im Grunde »schrecklich« ist, und ist sehr berührt. Sie nimmt einen Schluck Wasser und erzählt: »Na ja, die Tage sind immer sehr voll, es gibt viel zu organisieren – so ein Haushalt mit zwei Kindern macht sich nicht allein ...« Sie lacht. Warum sie eben gelacht hat, möchte ich von ihr wissen. »Keine Ahnung.« – »Was würde denn Ihr Mann sagen, warum Sie eben gelacht haben?« – »Na, der hat schon gar keine Ahnung!!« Hoppla! Darauf kommen wir gleich zurück. »Wer hat denn Ahnung?« Frau Jung denkt nach: »Meine Freundin. Die, die mir das hier geschenkt hat.« – »Und was weiß sie, was Ihr Mann nicht weiß?« – Frau Jung trinkt das Glas in einem Zug leer, holt tief Luft und beginnt dann mit einer Tirade über die schlechten Eigenschaften Ihres Mannes. Ich signalisiere, dass ich genug gehört habe, um zu wissen, worum es geht. »Ich höre Sie sagen, dass Sie sehr wütend auf Ihren Mann sind. Stimmt das?«, frage ich. »Ja«, erwidert sie, »eigentlich schon. Aber das ist ja auch normal, wenn ...« Frau Jung verstummt. Pause. »Jetzt hab ich schon wieder gesagt, dass das normal ist. Mist.«

Ich lasse ihr Zeit, um ihre Gedanken und Gefühle zu sortieren. »Meinen Sie damit vielleicht, dass Ihre Wut gerechtfertigt ist?«, helfe ich aus. »Ja, das finde ich schon, dass ich Grund habe, wütend zu sein.«

Wir nutzen den Rest der Sitzung, um darüber zu sprechen, was hinter der Wut steckt: jede Menge unbefriedigte Bedürfnisse. Frau Jung stellt fest, dass es ihr schwerfällt, ihre Bedürfnisse zu erkennen, geschweige denn, sie ihrem Mann mitzuteilen. Am Ende frage ich sie, ob sie das Gefühl hat, dass wir in ihrem Anliegen (mehr Zeit für sich) weitergekommen sind. »Ja, sehr. Mir ist jetzt klar, warum ich wütend bin, wie das mit der Erschöpfung zusammenhängt und dass ich mit meinem Mann reden muss, wenn ich mehr Zeit für mich brauche«, sagt sie. Der Gutschein sieht noch eine weitere Sitzung vor, und wir verabreden uns für die kommende Woche.

In der zweiten Sitzung erarbeiten wir eine Kommunikationsstrategie für das Gespräch zwischen Frau Jung und ihrem Mann. Ich schlage ein Rollenspiel vor: Ich bin Herr Jung. Und so probiert Frau Jung im Gespräch mit »ihrem Mann« verschiedene Formulierungen und Haltungen aus – und ich spiegele jeweils, wie das Gesagte auf mich gewirkt hat. Am Ende freut sie sich geradezu auf das Gespräch.

Frau Jung hat danach übrigens beschlossen, sich selbst zwei weitere Sitzungen zu schenken, um sich eine berufliche Perspektive zu erarbeiten.

Mittlerweile, so verkündete sie mir kürzlich, sei es »übrigens völlig normal«, dass sie ihre Bedürfnisse sofort artikuliert. Mann und Kinder würden sich langsam daran gewöhnen, dass sie jetzt ab und zu auch mal »an die Decke geht«. Normal.

Ich fühle nicht, was ich fühle –
Frau Fink und der Frust.

Der erste Termin. Frau Fink redet, als ob jemand hinter ihr stünde und sie antriebe: Über ihre berufliche Unzufriedenheit – schon seit vier Jahren –, ihre vielen unterschiedlichen Interessen, ihre zwei abgeschlossenen Studien, dass sie sich nicht entscheiden kann, dass sie jetzt endlich einmal Geld verdienen möchte, aber nicht weiß, womit, dass sie irgendwie ihren Hintern nicht hochkriegt, keine Energie hat ... Während sie erzählt, achte ich nicht nur auf das, was sie sagt, sondern auch darauf, wie sie es sagt, welche Gefühle sie mir damit zeigt, wo ihr Wesen durchscheint. Dieses »aktive Zuhören« ist eines der wichtigsten Werkzeuge eines Coaches. Ich notiere im Geiste: sie denkt und spricht sehr schnell, sehr intelligent, sehr wütend (ob ihre Energie dorthin geht?). Hinter dieser Wut, mit der sie alles und jeden (einschließlich sich selbst) abwertet, blitzt hie und da tiefe Traurigkeit hervor. Obgleich die Themen beruflicher Natur sind, beschließe ich, Frau Finks Gefühlswelt ein wenig zu erkunden. Dabei überspringe ich bewusst die offenbare Wut und frage nach ihren primären Gefühlen: »Wo auf einer Skala von 1 bis 10 stehen Sie gerade, wenn 1 bedeutet: gar nicht frustriert, und 10 total frustriert?«.

Sie überlegt ganz kurz: »5 bis 6.« Nicht höher? Nach allem, was sie erzählt hat, bin ich überrascht. Ich sage ihr das. Sie denkt etwas länger nach (ein gutes Zeichen!), und sagt dann: »Es könnte sein, dass ich das nicht so merke, wenn ich frustriert bin.« Wir reden darüber; ich unterstütze sie mit Fragen dabei, ihre Gedanken zu sortieren. Frau Fink stellt fest: »Ich fühle oft nicht so richtig, was ich fühle.« Sie schweigt, und ich schweige mit ihr. Sie spricht langsam weiter: »Vielleicht kann ich mich deshalb nicht entscheiden. Ich weiß nicht genau, was mein Gefühl dazu ist, und dann mache ich lieber gar nichts.« Das ist eine Erkenntnis. Ich lasse ihre Worte noch ein wenig allein im Raum, damit sie ihnen besser nachspüren kann. Frau Fink nestelt an ihrem Pulli herum, sie ist nervös. Vielleicht kann sie ihren Gefühlen noch nicht so viel Raum geben. »Fühlen Sie denn jetzt gerade, was Sie fühlen?«, frage ich. »Ich bin irgendwie traurig«, antwortet sie. »Das ist natürlich kein schönes Gefühl, aber immerhin eins«, sage ich.

Sie lächelt. »Was macht Sie gerade so traurig?« – »Dass ich etwas verändern muss, aber nicht weiß, wie«, erwidert Frau Fink. Wir sprechen darüber, woran Sie merken würde, dass es sich verändert hat. Das hilft ihr zu formulieren, wann sich das Coaching für sie gelohnt hat: »Wenn ich fühle, was ich fühle, und meine Gefühle für meine beruflichen Entscheidungen nutzen kann.«

Wir vereinbaren, dass ich ihr eine Aufgabe stelle, mit der wir beim nächsten Mal ihre Kernkompetenzen herausarbeiten können. Außerdem erhält sie die Formulare für Wut, Frust und Erschöpfung.

Eine Woche später sehe ich sie wieder und frage sie: »Wie ging es Ihnen mit den Formularen?«

»Frust auf 8,7«, sagt sie, »das ist ganz schön krass, wenn man mal ehrlich zu sich ist …« Die Werte bei Erschöpfung sind recht niedrig – was meint sie dazu? »Vielleicht habe ich doch viel mehr Energie, als ich denke, wenn ich nur wüsste, wofür ich sie einsetzen soll!?« Um dies herauszufinden, möchte Frau Fink heute ihre Kernkompetenzen herausarbeiten. Dank ihrer Denkgeschwindigkeit haben wir schnell ein Ergebnis und widmen uns im Anschluss ihren besonderen Qualitäten: Wie tut sie, was sie tut? Was macht sie dabei einzigartig? Frau Fink genießt diesen Prozess sichtlich. Am Ende strahlt sie mich an: »Das tut gut, das mal so schwarz auf weiß zu sehen!« Wir verabreden, uns beim nächsten Mal mit ihrem Frust zu befassen. Ich bitte sie, sich in Bezug auf Frust zu beobachten, und gebe ihr das Formular für die zweite Woche mit.

Zur dritten Sitzung erscheint Frau Fink äußerst missmutig. Die Antwort auf meine Frage, was sie gerade fühlt, lautet: »Frust!« – »Prima!«, sage ich fröhlich. Frau Fink guckt mich irritiert an, in ihrem Kopf rattert es: Ist mein Coach verrückt geworden? Dann erhellt sich ihre Miene, sie versteht: »Stimmt, das wollte ich doch, Zugang zu meinen Gefühlen bekommen.« Ich nicke: »Und jetzt setzen wir Ihr Gefühl für Ihre Jobsuche ein!« Wir reden darüber, was sich hinter ihrem Frust verbergen könnte: Sie möchte so gerne wissenschaftlich arbeiten, forschen, und ist frustriert, weil sie das nicht kann. »Weil Sie glauben, das nicht zu können«, korrigiere ich. »Aber wie denn?«, ruft sie laut und verzweifelt. »Ich muss doch Geld verdienen!« Frau Finks Frust war noch nie so deutlich spürbar.

Aber leider ist die Zeit für heute um. (Sitzungsenden sind nicht selten sehr emotional, aber oft bedeutet dies einen großen Durchbruch: Veränderung!)

Eine Woche später bekomme ich eine Mail von Frau Fink: »Ich habe mich spontan für ein Stipendium beworben, bei dem ich voll finanziert werde. Ich hatte ein gutes Gefühl! ;-)) Bitte Daumen drücken!«

Und wenige Wochen später: »Ich hab's bekommen!!! Bin total happy! 1000 Dank!« Ich bin auch total happy, weil Frau Fink so schnell gefunden hat, was sie suchte. Schnelligkeit, das ist halt ihr Ding, denke ich, und tippe fröhlich meine Glückwünsche in den Computer.

Das Schuhregal von Frau Liedloff

Frau Liedloffs Geschichte hatte ich zu Beginn bereits kurz angerissen (Seite 31), hier folgt die Fortsetzung: Frau Liedloff kam zu mir mit einem unklaren Anliegen. Sie sagte, sie sei »… irgendwie unzufrieden«. Zu Beginn eines Coachings oder wenn sich noch nicht dezidiert sagen lässt, wo der Schuh drückt, wähle ich gern das Modell »Die fünf Säulen der Identität« (Seite 33). Die Idee ist, unser Leben unter dem Aspekt dieser fünf Säulen zu betrachten. Jede dieser Säulen hat eine eigene Identität und eine stützende Funktion. Am Ende hat man ein klares Bild: Welche Säule trägt? Wo besteht Veränderungsbedarf?

1. Der Ist-Zustand: Frau Liedloff zeichnet die Säulen so auf das Flipchart, wie sie ihr Leben gerade erlebt (dunkelgraue Felder). Dabei unterstütze ich sie mit Fragen: Wie geht es ihr gerade körperlich? Fühlt sie sich rundum wohl in ihrer Haut? – Ist sie in ihrem beruflichen Leben erfüllt? – Wie steht es um ihr soziales Netz: Hat sie sie ausreichend Kontakte? Kann sie ihr soziales Leben gut leben? – Wie zufriedenstellend ist ihre ökonomische Situation: Hat sie genügend Geld? Hat sie sonst alles, was sie zum Leben braucht? – Kann sie ihre Werte leben?

2. Der Soll-Zustand: Wie hoch sind die Säulen, wenn das Coaching erfolgreich für sie war? Frau Liedloff ergänzt (hellgraue Flächen), und betrachtet anschließend ihr

Werk: Was sind ihre Gedanken dazu? Sie lacht, zeigt auf die ergänzten Flächen. »Da habe ich mir ja einiges vorgenommen!«

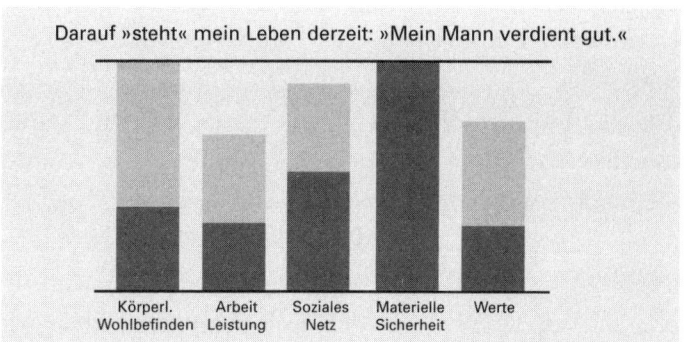

Darauf »steht« mein Leben derzeit: »Mein Mann verdient gut.«

Körperl. Wohlbefinden, Arbeit Leistung, Soziales Netz, Materielle Sicherheit, Werte

Ich möchte von ihr wissen, ob sie häufig hohe Ansprüche an sich stellt. Ja, das komme schon oft vor, sagt sie darauf. Wir reden über den Zusammenhang zwischen ihrer Unzufriedenheit und ihren hohen Ansprüchen. Sie erzählt, dass sie sich oft so viel vornimmt und dann gar nichts macht, weil sie denkt, dass sie es sowieso nicht schafft. Ist das der Grund für ihre große Unzufriedenheit …? Vielleicht.

Wir widmen uns wieder den Säulen. An welcher Säule möchte sie zuerst etwas verändern? An der Körper-Säule. Ich frage, woran sie merken würde, wenn sie an dieser Säule »ganz oben« ist. »Zeigen Sie mir bitte einmal, wie es Ihnen geht, wenn die Körper-Säule ganz oben ist?«

Frau Liedloff versteht nicht: »Wie, zeigen?«, fragt sie, dabei strahlt sie wie ein Honigkuchenpferd, sie sieht fünf Jahre jünger aus. »Danke!«, sage ich, denn ganz unbewusst hat sie mir bereits gezeigt, wie sie aussehen würde, wenn sie sich in ihrem Körper wohlfühlen würde.

Als Nächstes unterteilen wir das große Ziel in kleine, machbare Schritte: An welchem Punkt der Säule möchte sie in zwei Wochen stehen? Zunächst setzt Frau Liedloff die Linie sehr hoch, dann korrigiert sie lachend: »Ups – da waren die Ansprüche wieder zu hoch!« Ich freue mich, dass sie ihre neue Erkenntnis so schnell schon in Handlung umsetzt, das ist ein gutes Zeichen! Wir nutzen den Rest der Sitzung, um Ideen zu sammeln, wie sie ihr Zwei-Wochen-Ziel erreichen könnte. Bestens gelaunt verlässt sie mich.

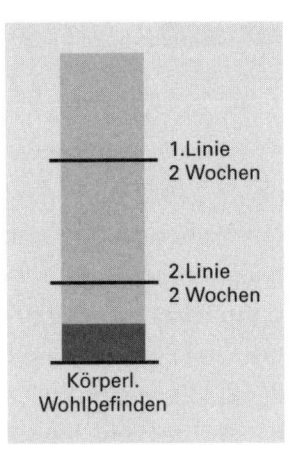

Zwei Wochen später sehe ich sie wieder: Sie ist schlecht gelaunt. »Am Körper liegt es nicht«, sagt sie – Sport und Entspannung tun ihr gut, das sei gerade sogar das Einzige, was ihr Spaß macht. Wir nutzen ihr Säulenbild, um nach den Ursachen zu forschen: Welche Säule möchte sie als Nächstes angehen? So stellt sich heraus, welcher Schuh so doll drückt, dass er das ganze »Schuhregal« in Mitleidenschaft zieht: Es ist der Arbeitsschuh. Momentan arbeitet sie ehrenamtlich an einer Schule: »Das ist nicht richtig arbeiten.« Ursprünglich Juristin (mit einem Super-Abschluss), wollte sie Karriere machen – und dann kamen die Kinder. »Ich liebe meine Kinder, meine Familie«, sagt sie, »aber …« und dann fließen die Tränen. »Ich würde so gerne wieder arbeiten«, schluchzt sie, »aber mein Mann verdient gut, ich muss nicht. (…) Er sagt: Genieß es doch, dass du nicht arbeiten musst! Ich versuch's ja, ich weiß, das ist ein Privileg, aber … Ich glaube, ich schaffe das nicht!« Ich lasse sie ihren Schmerz ausweinen. Das anschließende Gespräch fördert zu Tage: Die diffuse Unzufriedenheit, wegen der sie gekommen war, hat nun eine klare Ursache: Sie fühlt sich unterfordert, möchte mehr aus sich schöpfen, wieder arbeiten. Dass sie sich körperlich hat gehen lassen, ist eine Folge dieser tiefen Trauer darüber, dass sie unter ihren Möglichkeiten bleibt.

In den folgenden Sitzungen sprechen wir darüber, wie sie das mit ihrem Mann klärt, und entwickeln berufliche Perspektiven, die sie gut in ihr Leben als Mutter integrieren kann. So räumen wir Frau Liedloffs »Schuhregal« nach und nach um, damit sie Platz für neue »Schuhe« bekommt, denn davon können Frauen ja bekanntlich nie genug haben …

Wut ist zum Reden da – Herr Schwind entdeckt seine Möglichkeiten.

Herr Schwind macht es kurz: Er will so schnell wie möglich seine bisherige Arbeitsstelle aufgeben, aber nicht einfach irgendetwas machen, deshalb möchte er mit meiner Hilfe »ein paar Perspektiven abklopfen«. Auf meine Frage, warum er denn so schnell weg möchte, reagiert er ausweichend: Das sei für ihn bereits Vergangenheit, er will lieber in die Zukunft schauen. Dabei funkelt er mich böse an, als sei ich Teil seiner schlimmen Vergangenheit. Obwohl mir klar ist, dass diese Vergangenheit, die ihn so wütend macht, im Hinblick auf seine Zukunft zu untersuchen wäre, frage ich nicht weiter. Schließlich hat er sein Anliegen klar und deutlich formuliert: Berufliche Perspektiven abklopfen. Schließlich ist er Experte für die Inhalte, und ich bin nur der Experte für den Prozess. Und doch …

Weil es so eilig ist, haben wir einen dreistündigen Termin vereinbart. Wir analysieren seine Stärken und Schwächen und erstellen ein Ranking der Inhalte, mit denen er sich am liebsten befasst. Herr Schwind ist zufrieden mit dem Ergebnis und deutlich entspannter als zu Beginn. In einer Woche wollen wir uns wiedertreffen, um diese Erkenntnisse in konkrete berufliche Perspektiven umzuwandeln. Beim Abschied gebe ich ihm die Frust- und die Wut-Formulare mit und sage: »Wenn Sie Zeit und Lust haben.«

Eine Woche später. Herr Schwind begrüßt mich und fragt lachend: »Haben Sie etwas, das ich kurz und klein schlagen könnte?« Hinter seinem Lachen steckt Bitterkeit und Verletzung – Gefühle, die meistens hinter der Wut versteckt werden. Was ist in der Woche passiert? Seine Frau hatte die Formulare gefunden und sie für sich ausgefüllt – aus Neugierde. Darüber hat sie dann mit ihm gesprochen, und so entspann sich ein Gespräch über Frust und Wut. Tja, erstens kommt es anders und zweitens als man denkt.

Jetzt ist Herr Schwind dazu bereit, über seine Vergangenheit zu sprechen: Über seine große Wut, weil er den Posten nicht bekommen hat, der ihm seiner Meinung nach zustand, und über seinen Chef, der ihn »übergangen« hat. Seitdem ist dicke Luft im Büro, ein Gespräch darüber hat nicht stattgefunden. Herr Schwind will auch nicht darüber reden: Er ist stinksauer auf seinen Chef und meidet ihn. Die Sache sei gelaufen, er müsse sich jetzt einen neuen Job suchen.

Im weiteren Verlauf unseres Gesprächs stellt sich heraus, dass Herr Schwind sich eigentlich – abgesehen von dieser Sache – sehr wohl in der Firma fühlt. In der Tat hatte er darauf gehofft, noch eine Weile dort zu bleiben und besagten Posten zu bekommen. Er ist jetzt 33, und ein Schritt auf der Karriereleiter wäre angezeigt. Aber unter diesen Umständen …? Auch stellt sich heraus, dass er im Grunde ein fast freundschaftliches Verhältnis zu seinem Chef hatte. Umso weniger versteht er, warum dieser sich gegen ihn entschieden hat. Er ist tief gekränkt – in seiner beruflichen Ehre und als Mensch.

Herr Schwind, jetzt eher nachdenklich als wütend, ist sich jetzt nicht mehr so sicher, ob er wirklich »einfach abhauen« will, ohne die Sache mit seinem Chef zu klären.

»Das wäre doch kindisch!«, sagt er, woraufhin ich frage, wie denn ein Erwachsener mit dieser Situation umgehen würde. »Ein Erwachsener würde meinem Chef den Hintern versohlen!«, lacht Herr Schwind. Sein Humor ist wieder da, und die Bereitschaft, diese Situation als Erwachsener durchzustehen.

Im darauf folgenden Rollenspiel nehme ich zunächst die Rolle des Chefs ein, damit Herr Schwind seine Gedanken sortieren, sein Gespräch üben kann. Anschließend vertauschen wir die Rollen: Ich bin Herr Schwind, er ist der Chef. So erlebt er aus der Perspektive seines Chefs, wie seine Worte ankommen. Ich (Herr Schwind) erzähle also, wie sehr mich seine Entscheidung überrascht und enttäuscht hat. Herr Schwind in seiner Chef-Rolle windet sich, es ist ihm sichtlich unangenehm. Ich fahre fort, dass ich deshalb erwäge, zu kündigen, weil ich so keine Perspektive mehr in dieser Firma sehe. Da ruft Herr Schwind: »Oh Mann! Sorry! Tut mir echt wahnsinnig leid, was da passiert ist. Ich rede nochmal mit dem Haller, vielleicht können wir das rückgängig machen! Wenn nicht, dann finden wir etwas anderes. Das ist ja nicht der einzige Job für dich. Bitte bleib! Wir finden etwas, versprochen!«

Stille. Herr Schwind ist selbst überrascht über seinen Gefühlsausbruch. Er ist berührt, sagt eine Weile nichts. Dann: »Oh Mann! Wenn der Hans so reagieren würde …«

»Was wäre dann?«, frage ich. – »Dann würde ich bleiben.«

Herr Schwind sagt, er will sich noch einmal überlegen, ob er mit seinem Chef redet. Ich ermutige ihn: Wenn er sowieso nichts mehr zu verlieren hat, kann er das Gespräch führen – sozusagen als Übung für zukünftige Gespräche. Aufgewühlt verlässt Herr Schwind mich und verspricht, mir zu mailen, »was danach geschieht«.

Die Mail kommt bereits am nächsten Tag: »Stellen Sie sich vor, mein Chef hat fast genau das gesagt, was ich im Rollenspiel gesagt hatte! Verrückt, was? Wir werden uns jetzt gemeinsam eine Lösung überlegen. Danke für Ihre Hilfe!«

Die Würfel sind gefallen: Frau Jaspers fliegt!

Nachdem ich Hanna Jaspers erfolgreich in Sachen Karriere gecoacht hatte, bekam sie drei sehr verlockende Jobangebote. Sie rief mich an und sagte lachend, es ginge ihr ja jetzt viel schlechter als vor dem Coaching, weil sie sich überhaupt nicht entscheiden könne. Die Pros und Kontras hatte sie bereits notiert, aber daraus hatte sich kein Favorit ergeben. Der Kopf war also schon befragt, um nicht zu sagen zermartert worden. Wie stand es denn mit den Gefühlen? »Oooooh – keine Ahnung! Das ändert sich von Sekunde zu Sekunde!«, lachte Frau Jaspers, wobei sich in ihr Lachen Verzweiflung mischte.

Wir sahen uns ein paar Tage später, und ich schlug das »Spiel des Lebens« vor (Seite 170). Frau Jaspers hatte ihre Zweifel an der Methode, aber sie willigte ein – schließlich hatte ich ihr schon einmal geholfen, sie vertraute mir. Ich notierte auf dem Flipchart: Job 1 – Job 2 – Job 3. Welche Alternativen gäbe es denn dazu noch? »Noch mehr?«, fragte Frau Jaspers irritiert. »Mir reichen die drei schon!«

»Wir brauchen noch drei«, erklärte ich, »sonst macht das Spiel keinen Spaß.«

Frau Jaspers hatte dann auch bald wider (ihr) Erwarten eine Idee. Es gab eine Firma, die zwar derzeit niemanden in ihrer Position suchte, bei der sie sich aber gerne initiativ bewerben wollte. Einen Job hatte sie ja sicher, da könnte man doch mal ein bisschen pokern …? Klar! Ich notierte: bei Firma X bewerben.

Dann folgte längeres Schweigen. Schließlich machte ich einen Vorschlag: Wie wäre es mit irgendetwas anderem, also keinem dieser Jobs? »Aber was?«, fragte Frau Jaspers. Das würden wir sicher noch herausfinden, gab ich zurück. »Das ist doch dann keine Alternative!«, rief Frau Jaspers. »Eine Alternative ist es schon, wir wissen nur noch nicht, was es ist – noch nicht. Wollen wir's einfach einmal so stehen lassen? Wenn wir jetzt anfangen zu überlegen, was genau das sein könnte, wären Sie wieder im Kopf, dabei wollten wir doch Ihren Bauch befragen! Ich notierte: Keinen dieser Jobs.

»Also wenn Sie meinen Bauch fragen, der hätte da eine Idee …«, hörte ich es plötzlich schelmisch hinter meinem Rücken. »Mein Bauch würde gerne mal ein paar Monate ganz weit weg fahren.« Ich drehte mich um und sah ein strahlendes Lächeln, welches sich dann sogleich in ein bitteres verwandelte: »Aber das geht jetzt nicht, in ein, zwei Jahren vielleicht.« Ich bat sie, mir Genaueres über die Reiselust Ihres Bauches zu erzählen, und so begann sie, von Australien zu schwärmen. Ich bekam richtig Lust, auch einmal dorthin zu fliegen – so lebhaft und bunt waren ihre Schilderungen. Dabei betonte sie immer wieder, dass jetzt nicht der richtige Zeitpunkt dafür sei.

»Wollen wir es trotzdem einmal mit aufnehmen? Es ist doch nur ein Spiel!« Frau Jaspers zuckte mit den Achseln: »Okay, warum nicht.«

Ich notierte: 6. Ein halbes Jahr Australien

Dann bat ich Frau Jaspers, neben die sechs Alternativen jeweils eine Zahl von 1 bis 6 zu schreiben, die Reihenfolge spiele dabei keine Rolle. Ein bisschen aufgeregt begann sie dann mit dem Würfeln. Es ging jetzt um den letzten Platz. Eine Vier. Bei welcher Alternative hatte sie eine Vier notiert? Bei Australien. »Mist!«, entfuhr es ihr da, »Australien auf dem letzten Platz!« Sie würfelte weiter, und so ergab sich folgendes Zufallsranking:

1. Job 3	4. Job 1
2. bei X blind bewerben	5. Job 2
3. keinen dieser Jobs	6. Australien

Nun sollte sie sich fragen, wie es ihr mit den einzelnen Platzierungen ging. Ich verließ das Zimmer, um uns einen Kaffee zu kochen und um sie allein zu lassen: Wenn wir nicht reden können, dann fühlen wir besser!

Im Hinausgehen hörte ich Frau Jaspers grummeln: »Job 3 auf Platz eins ... nö, definitiv nicht!« Als ich zurückkam, präsentierte sie mir ihr »Gefühlsranking« mit den Worten: »Das ging ja schneller, als ich dachte!«

1. Australien	4. Job 2
2. Job 1	5. bei X blind bewerben
3. Job 3	6. keinen dieser Jobs

Wenig überraschend thronte Australien auf dem ersten Platz. Für die drei Jobs hatte sie auch eine Reihenfolge gefunden. »Warum ging denn das jetzt so schnell?« Frau Jaspers schien ehrlich verblüfft von ihrer plötzlichen Entscheidungsfreude zu sein. »Sagen Sie es mir!«, forderte ich sie auf. Und das sagte sie: Das Zufallsergebnis (Australien auf dem sechsten Platz!) hatte Empörung und Ärger in ihr ausgelöst. Diese heftige Reaktion hatte sie überrascht. Die Sehnsucht nach ihrem Australien-Traum wurde größer, und plötzlich schien alles machbar zu sein: »Wann, wenn nicht jetzt, wo ich noch keinen Job habe?«

In den folgenden Sitzungen besprachen wir die konkrete Umsetzung: Sie wollte die Zeit in Australien nutzen, um dort an einem sozialen Projekt zu arbeiten. Und wir bereiteten das Gespräch mit dem Arbeitgeber von Job 1 vor: Wie könnte sie ihm das schmackhaft machen? Am Ende stand ein Kompromiss: Nicht sechs, aber drei Monate später konnte sie ihren Job antreten! – Also ab nach Australien!

Tja, ohne dieses Tool wäre Australien als Option gar nicht erst aufgetaucht – man stelle sich das einmal vor …!

Wie geht's jetzt?

Liebe Leserin, lieber Leser,

Ich denke, es fällt Ihnen nun leichter, diese Frage zu beantworten. Sie haben sich zwei Wochen lang – oder sogar noch länger – mit sich und Ihren Gefühlen beschäftigt.

Vielleicht geht es Ihnen jetzt besser oder sogar richtig gut? Vielleicht haben Sie aber auch erkannt, dass Sie noch professionelle Unterstützung brauchen können?

Hier stellt sich immer wieder die Frage: Therapie oder Coaching?

Mein Tipp: Nicht mit Kanonen auf Spatzen schießen! Anders gesagt: Es muss nicht immer gleich eine Therapie sein. Vereinbaren Sie kostenlose Kennenlerntermine bei mehreren Coachs und entscheiden Sie sich danach für einen von ihnen. Ein guter Coach kann Ihnen oft nach dem ersten Gespräch schon sagen, ob er Therapiebedarf sieht. Und viele Coachs arbeiten sogar auch therapeutisch – die Grenzen sind also fließend. Fragen Sie nach! Stellen Sie überhaupt viele Fragen! Nur so werden Sie merken, ob die Chemie stimmt und ob der Coach Ihren Erwartungen gerecht wird. Im Internet finden Sie Checklisten, in denen steht, woran Sie einen guten Coach erkennen – sicher nicht an einem reißerischen Internet-

Auftritt …! Schauen Sie zum Beispiel hier: http://www.coaching-report.de/index.php?id=396.

Aber jetzt ist es erst einmal Zeit, dass Sie sich dafür loben, dass Sie so lange und kontinuierlich an sich gearbeitet haben. Seien Sie stolz auf sich! Gönnen Sie sich etwas Besonderes. Genießen Sie einen Abend mit Ihrem Partner oder Freunden. Lassen Sie sich feiern – es ist Ihr Abend! Oder erfüllen Sie sich einen Wunsch, stürmen Sie ein Kosmetikgeschäft und kaufen Sie sich diese Creme, die Sie schon immer einmal ausprobieren wollten, oder schenken Sie sich diese völlig überteuerte Bluse …

Hier ein paar Anregungen. Was hätten Sie gern? Sie dürfen jetzt ein letztes Mal Ihre Kreuzchen machen!

☐ eine Massage

☐ einen Wellness-Tag

☐ ein neues Kleidungsstück

☐ ein schickes Essen in Ihrem Lieblingsrestaurant

☐ einen Gutschein über ………… Euro, einzulösen in einem Kosmetikgeschäft

☐ einen unvernünftigen Einkauf über ………… Euro

☐ einen Konzertbesuch

☐ einen Theaterbesuch

☐ einen Kurzurlaub

☐ die Erfüllung eines Wunsches, den Sie schon lange haben

. . . .

. . . .

. . . .

Ich wünsche Ihnen viel Freude an Ihrer Belohnung und alles Gute für Ihre Zukunft!

Herzlich,
Dasa Szekely

Quellen

De Shazer, Steve: Worte waren ursprünglich Zauber.
Lösungsorientierte Therapie in Theorie und Praxis.
Verlag Modernes Lernen, Dortmund 1998

Petzold, Hilarion G.: Integrative Therapie. 3 Bände.
Modelle, Theorien & Methoden schulenübergreifender
Psychotherapie. 2. überarbeitete und ergänzte Auflage,
Junfermann Verlag, Paderborn 2004

Radatz, Sonja: Beratung ohne Ratschlag. Systemisches
Coaching für Führungskräfte und BeraterInnen.
Verlag Systemisches Management, Wien 2003

Rossi, Ernest L. und Nimmons, David: 20 Minuten Pause.
Wie Sie körperlichen und seelischen Zusammenbruch
verhindern können.
Junfermann Verlag, Paderborn 2007

Sulz, Serge K. D.: Strategische Kurzzeittherapie. Wege
zur effizienten Psychotherapie.
CIP-Medien, München 1994

Dank an ...

... meinen Sohn Lino und meinen Partner und Freund Matthias Westerweller für ihre Liebe und ihr Verständnis (»Dasa hat jetzt keine Zeit, sie muss am Buch schreiben.«)

... Dipl.-Psych. Ulrike Heinrich für ihre hilfreichen Buchempfehlungen.

... meine Agentin Bettina Querfurt für ihre Kompetenz und ihre Klarheit.

... an alle, die an mich und das Buch geglaubt haben und in Gedanken bei mir waren.

... an Coco Chanel, Robin Hood und Mary Poppins, die mir stets als Vorbilder dienen.

Über die Autorin

 Dasa Szekely, geboren 1964, gründete 2007 *dasacoaching*, Deutschlands ersten Coachingladen, und im Anschluss daran die *School of Life*, eine Schule des Lebens für alle lebensrelevanten Themen: Beruf, Liebe, Familie, Kommunikation, Zukunftsplanung und Sinn. Endlich eine Schule, die Spaß macht!

Die gelernte Werbetexterin und Strategin ist seit 2005 zertifizierter systemischer Berater und Coach, und seit 2004 Text-Dozentin an der Hochschule für Gestaltung in Offenbach, an der sie auch regelmäßig Karriere-Workshops gibt. Seit sie denken kann, fragt sie sich: *Wie kann man Schweres leichter machen?* Sie lebt in Frankfurt, ist glücklich liiert und hat einen Sohn.

www.theschooloflife.de
www.dasacoaching.de
kontakt@theschooloflife.de
kontakt@dasacoaching.de

The School of Life
Schulstraße 1
60594 Frankfurt-Sachsenhausen
0171/527 20 99